河南省农业社会化服务
典型案例及点评

河南省农业农村厅
河南农业大学农业政策与农村发展研究中心　编著

中国农业出版社
北　京

本书受以下机构与基金项目资助：

河南省高校哲学社会科学创新团队支持计划（2019‐CXTD‐03）

河南省高校哲学社会科学应用研究重大项目（2019‐YYZD‐10）

河南省哲学社会科学规划项目（2019CJJ079）

河南农业大学家庭农场研究中心

河南农业大学农业政策与农村发展研究中心

本书编委会

前　　言

2020 年是我国决胜全面建成小康社会、决战脱贫攻坚之年，也是"十三五"规划收官之年。我国已进入"十四五"时期，开启全面建设社会主义现代化国家新征程的号角已经吹响。"十四五"时期是到 2035 年基本实现社会主义现代化目标的第一个五年，是开启"第二个百年"新征程的起点。开局决定全局，面对我国社会主要矛盾的变化和世界百年未有之大变局，必须增强机遇意识和风险意识，把握客观规律，发扬斗争精神。习近平总书记强调，要努力在危机中育新机、于变局中开新局。如何让农民挑上"金扁担"？如何确保"中国人的饭碗任何时候都要牢牢地端在自己的手上，饭碗里主要装中国粮"？回答好这两个问题是我国在当今这个不稳定不确定的世界中，保持稳定向好的重要基础，也是对我国在实现农业现代化过程中如何应对农业深层次矛盾和问题的挑战。

"大国小农"是我国的基本国情农情，"人均一亩三分地，户均不过十亩田"。根据第三次农业普查数据，截至 2016 年末，全国共有 20 743 万农业经营户，其中 398 万为规模农业经营户，意味着我国小农户数量占到农业经营主体 98% 以上。全国共有 31 422 万农业生产经营人员，其中规模农业经营户农业生产经营人员（包括本户生产经营人员及雇佣人员）1 289 万人，意味着小农户从业人员占农业从业人员 95% 以上。就耕地面积而言，全国共有耕地 134 921 千公顷，其中小农户经营耕地面积占总耕地面积的 71.2%。一个由数亿个小农户组成的农民大国如果能成功走上农业现代化之路，那将是中国发展经验中最大的"中国特色"，同时也将为世界农业发展贡献出"中国方案"。

小农户在我国发展的各个历史时期都扮演过重要角色。在封建时期，承担国家赋税，是国家统治政权的稳固力量，同时也是推动历史变革的主要力量；在工业化和城镇化道路上，为城市提供了大量新鲜廉价劳动力和多样的农产品，为国家的稳定和发展做出了巨大牺牲和贡献；在农业现代化进程中，小农户是乡村振兴的主体，振兴乡村必须充分发挥农民的主体作用。此外，小农户还肩负着维护国家粮食安全，传承乡村文化和保护生态环境等使命。尽管小农制几乎伴随人类社会发展的所有不同阶段，是推动社会生产力不断进步的力量源泉，但纵观中国现代农业的发展历程，随着城镇化和工业化的提速，小农制较于规模化经营模式有显明弊端：地块细碎、耕种方式落后、机械化水平低、生产效率偏低、发展后劲不足，通常被人们认为是保守和落后的象征。

我国小农户在当前和未来相当长一段时期内仍会继续存在，发挥小农户家庭经营在农业发展中的作用十分重要。一系列政策文件对发展农业社会化服务提出的明确要求，体现出党中央将小农户纳入现代农业发展大格局的信心和决心。党的十九大作出实施乡村振兴战略的重大决策部署，提出通过健全农业社会化服务体系等方式，实现小农户和现代农业发展有机衔接。2018年9月中共中央办公厅、国务院办公厅印发了《关于促进小农户和现代农业发展有机衔接的意见》，提出了在乡村振兴中充分发挥小农户作用需要满足的三个要求，即"服务小农户、提高小农户、富裕小农户"，并分别就"发展农业生产性服务业""加快推进农业生产托管服务"等五个方面对健全面向小农户的社会化服务体系提出了进一步的指导意见。这些意见对于帮助小农户克服生产过程中出现的各种问题，帮助其成功并入现代农业发展轨道提出了方向性的指导。

小农户与现代农业发展的有机衔接，其重点在于破解小农户在生产、组织和市场方面的弱势局面，通过土地、组织和服务的规模化将小农户引入现代农业发展的轨道。农业社会化服务（Agricultural Socialized Service）则是做好小农户与现代农业发展有机衔接的重要路径之一。这一概念自1983年中央1号文件首次以"农业专业化服务"提出以来，经过"社会服务""商品生产服务体系""生产服务社会化""系列化服务""一体化服务"等多种提法的不断完善，以1991年国务院印发的《关于加强农业社会化服务体系建设的通知》为标志形成雏形。其内涵由文件最初提及的"产前、产后的社会化服务"逐渐拓展到"产前、产中、产后"各环节，涉及面更加广泛的社会化服务。更加通俗的理解就是，将那些小农户干不了、干不好或者干了不划算的事纳入农业社会化服务的范围，并由服务主体直接替小农户完成或者协助他们完成。农业社会化服务的内容十分丰富，涵盖物资供应、生产服务、提供技术及信息服务、金融及保险服务，还有农产品的包装、运输、加工等相关服务。有学者将农业社会化服务归纳为两类五种：即流通服务和生产服务两类，其中流通服务包括农业生产资料和农产品流通服务，生产服务包括农业生产辅助性服务、农业技术研发与推广服务，以及农业信息服务和农业金融服务。

　　近年来，随着我国农业社会化服务在各地实践的有益探索和不断创新，基层中各式各样的好经验、好做法逐渐显现出来，展现了人民群众的无穷智慧。为了及时总结和推广这些典型经验和好做法，充分推广并发挥典型的示范引领作用，推动顶层设计与基层探索的良性互动，加强二者的有机结合，我们在面向河南省全省征集的基础上，根据事件的真实可靠性原则和可复制能推广的要求，对从各地选送的100多个案例进行遴选，最终有35个典型案例脱颖而出，加之评论，结集出版，希望能够为全省乃至全国各地、各部门以及从事三农工作，关注农业、关心农村、关爱农民的各界人上参考。案例以服务小农户为主，针对大田作物和经济作物等生产对象，涵盖龙头企业、农民专业合作社、村集体经济组织等传统服务主体，以及产业园、产业联盟等多元融合服务主体；覆盖产前、产中、产后各阶段和农资供应、生产服务、技术服务、信息化服务、金融服务，农产品的包装、收储加工、质量检测、销售等环节，采用全托管或只涉及关键环节的半托管形式，设法为保障农业适度规模经营、创新服务方式、发展绿色农业、带动小农户、建立多元利益联结机制等方面提供好的经验做法。

目　　录

科学种植强保障　蔬菜瓜果长势佳

抱团式服务　一体化发展

推进农村托管服务 实现多方共赢

利益联结共同体 齐享发展丰硕果

整合多领域资源 实现全方位服务

全程托管综合服务　助力粮食稳产增收

全程托管创新路　"围棋盘"上绘蓝图

——河南省郑州程祥农业科技服务有限公司

编者按：河南省郑州程祥农业科技服务有限公司在多年的农业服务中，针对农村普遍存在的村庄空心化、从业老龄化、生产粗放化和传统农业升级难、农民种地难、增收难等问题，摸索出了种植业"种、管、收、售"全程化托管和"科技＋金融＋订单"多元化服务新模式，在"围棋盘"式细碎地块上开拓了集约化、规模化、标准化发展的新路子。

一、基本情况和背景

郑州程祥农业科技服务有限公司是在原新郑市庄稼人种植专业合作社的基础上于 2016 年 4 月成立的，主要围绕农业生产提供服务。公司现有员工 30 人，仓储面积 1 200 平方米，全自主植保无人机 20 台，大型自走式高架喷雾机、粮食运输车和各类农用动力机械 40 多台（套），粮食精选设备 1 套，60 吨/日烘干塔 1 台，年服务能力 40 多万亩*，涉及 7 个省市

---

* 亩为非法定计量单位，1 亩≈667 平方米，下同。

的 34.6 万多农户。

随着工业化、城镇化进程加快，分散的家庭经营不同程度影响了人才、技术、金融等要素向农业的集聚，"围棋盘"式细碎地块严重影响了规模经营的发展，通过土地流转实现的规模经营的经营者困难重重。为此，公司通过多年实践探索，总结出了通过社会化服务，在"围棋盘"式细碎土地上实现规模种植的新模式。

二、主要做法

以小农户和各类新型农业经营主体为服务对象，着眼现代农业发展步伐和农户生产需求，不断创新服务方式，构建全方位服务平台和网络，实现社会化服务功效的最大化。

（一）在实践中明晰服务思路

公司原以农资销售为主，经营中采取小型农机具免费使用和开展培训，购置种肥同播机 80 多台，率先在玉米种植上推广种肥同播技术，大大提高了肥效。3 年内，为周边农民提供小型电动喷雾器 260 多台，销售的农药满足了 3 万余亩植保要求。种肥同播近 10 万亩耕地。受此启发，公司把农技、农机、农资等内容打包整合，整体推送给农户，逐步形成了全程化生产托管服务新路子。

（二）在对比中创新服务模式

前些年，规模经营主要是靠土地流转实现。这种经营方式成本高、风险大，群众收益少。近年来，生产托管服务逐渐被农民群众和经营主体认可并迅速发展，它可以有效避免土地流转带来的问题，增加经营主体和托管农户的收益。对此，公司探索以农业生产服务为支撑，开展种、管、收、售全方位服务为主要内容的社会化服务。

1. 在种植服务上，坚持订单生产，调优结构

专供优质种子，增加农户收入。与河南大众种业、河南久园种业、中粮集团等合作，繁育种植优质小麦 1.6 万多亩，平均每千克增收 0.3 元。

玉米采取免晾晒烘干技术，每千克增值 0.1 元。仅此为农户增加收入 246.6 万元。

2. 在农资服务上，坚持优选品牌，厂家直供

针对当地土壤和种植结构情况，通过明确品牌、限定价格、公开招标、让农户选择等，先后与 6 家供种企业、4 家化肥企业、3 家农药企业长期合作，降低了农资价格，提升了服务质量。直供农资普遍比市场价低 10%～20%。

3. 在耕作服务上，坚持全程机械，按需订制

充分利用自有和协作单位的农业机械，对所服务农户进行全程机械化服务，实现了服务区域范围内小麦、玉米、大豆、花生的耕、耙、播、收和植保、灌溉的全程机械化、自动化。对于一些特殊用户，公司率先引进应用小麦立体匀播机、宽幅播种机、免缠绕沟播机、高地隙自走式喷雾车等，满足了不同需要。

4. 在技术服务上，坚持全程培训，跟踪指导

对引进的 12 个小麦、玉米等新品种和小麦立体匀播等 14 项应用技术，坚持先培训，再推广；承担河南省农科院、河南农业大学科研项目 20 多项，提高了公司的科研水平，促进了新技术的应用。这些年，通过新技术应用，农药、化肥使用量分别降低 50%、10%，农作物平均增产 5%以上。

（三）在提升中规范服务内容

先后建立技术服务、农机作业、综合协调管理、市场营销等专业服务团队，探索总结出"五统三化"规范化服务内容，即品种和种植模式的统一、生产技术规程的统一、农资供应的统一、耕作管理的统一、产品销售的统一和服务标准化、全程机械化、人员专业化，提升了生产服务的规范化水平。

（四）在合作中完善服务平台

一是联合金融机构，打造金融服务平台。与新郑市农村商业银行、中原农业保险等合作，建立农业金融服务平台，开展贷款担保服务。已有5家经营主体在平台上融资贷款 115 万元。二是联合科研机构，打造技术服务平台。与河南省科学院、河南久园种业、河南世通豆制品公司等联合，形成集农技、农机、种子等于一体的技术服务平台，服务农户生产管理和防虫防病等。三是联合农机合作社，打造土地托管平台。将周围 3 家农机合作社和部分家庭的农机组织起来，统一编组、管理、调度，集中开展土地托管服务，服务能力达 1.4 万多亩。四是联合益农信息社，打造农村电商销售平台。承担新郑市益农信息社和运营中心管理任务，开展农产品销售服务。目前，公司已建成 5 个区域服务中心、211 个村级服务站、230 个服务点，有 830 多个农户的农产品通过益农信息社销售。

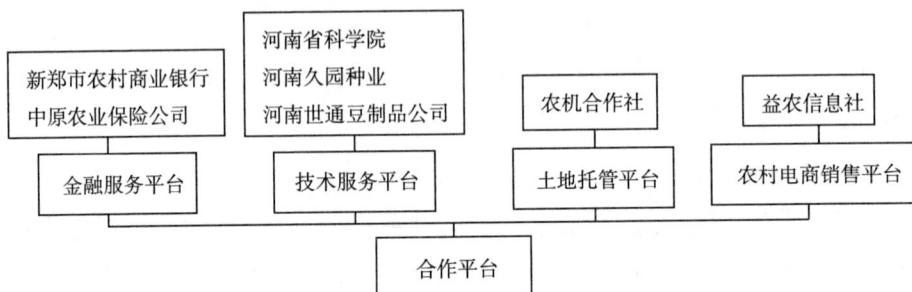

河南省郑州程祥农业科技服务有限公司农业社会化服务合作平台

三、取得的成效

一是实现了农民和企业的双赢。通过土地托管，农户可从五个方面实现节本增收（按亩均计算）：种植管理费，一年 60 元；农资采购费，仅农药、化肥每年可节省 70 元；机械收割费，小麦节省 15 元，玉米节省 40 元，共 55 元；玉米晾晒，可降低成本 40 元；订单生产，每斤*小麦可提高 0.15 元，每亩可增收 120 元。全年可实现节本增效 345 元/亩。全程托管解放了劳动力，年增加工资收入近 8 000 元。公司则通过统一采购、统一销售等，平均每亩增收 60 元。

---

* 斤为非法定计量单位，1 斤＝500 克，下同。

二是实现了农业生产的生态环保。一家一户种植很难精准施用化肥农药，社会化服务则可精准作业，合理用药，提高防治效果。据测算，接受社会化服务和农户自己种植相比，农药和化肥使用量分别减少50%左右和10%以上。

三是实现了土地资源的优化集约。首先，解决了流转土地费用较高的问题。通过产前产中产后服务，服务主体获得利益，避开了租金的风险，而农民则在托管服务中通过节本增效增加了收入。其次，打破了户与户之间的纵横边界，实现了"围棋盘"上的集约化经营。再次，解决了当前谁来种地、怎么种地的问题，避免了农民外出打工而撂荒的现象。

四是实现了粮食产业的由弱变强。通过规模化、集约化生产和企业化经营，以粮食生产为主的传统农业由弱势产业，变成了原料充足、品质保证的优势产业，拉长了产业链、提升了价值链、打造了供应链，实现了农村一二三产业融合发展，提高了农业质量效益和竞争力。

■■ 【链接】河南省农业生产托管现状

据农业农村部统计，中央财政自2017年起设立了以支持农业生产托管为主的农业社会化服务专项资金，2019年补助面积超过2 800万亩，示范带动全国农业生产托管面积超过15亿亩，服务小农户6 000万户，服务粮食作物面积8.63亿亩，其中，河北、山西、安徽、山东、河南生产托管面积均超1亿亩以上。2020年生产托管项目资金增加到45亿元，项目实施省份增加到29个。由于河南是农业劳动力流出大省，农业劳动力的大量流出为农业生产托管创造了空间，而以专业化农机、农技服务为代表的农业生产服务业的发展为农业生产托管创造了可能，尤其是粮食作物等大宗农产品的大部分生产环节便于使用机械化操作，更能满足规模化生产的条件。总体来看，河南省农业生产托管发展态势良好，截至2019年12月，河南省采用农业托管形式的土地面积达到3 600万亩，各种服务组织达到11.07万多家。粮食作物托管面积占托管总面积的比例高达90%，耕种收综合机械化水平达到80%，在全国范围内处于领先的水平。

资料来源：农业农村部网站。

用工业理念种粮 打造农业经营管理新模式

——荥阳市新田地种植专业合作社

编者按： 荥阳市新田地种植专业合作社与多数基于土地流转实现规模化经营的新型农业经营主体不同，仅通过向农户提供农业社会化服务实现规模经营，粮食生产及流通销售是合作社提供的主要社会化服务。在合作社提供的全程社会化服务模式中，依据各地发展实际提供个性化服务支持，在各地实践中形成了"代耕代种、代管代营""土地银行""联耕联种、联管联营"等模式，在生产优质强、弱筋小麦实践中形成了利用工业化的理念全程托管"强筋小麦和角质玉米"的高产创建模式。新田地种植专业合作社通过以上模式取得较好的经济效益、社会效益和生态效益，发挥出了良好的辐射带动作用，以"新田地"冠名的合作社分社如雨后春笋般在巩义、兰考、鄢陵等6个县（市）成立。

一、基本情况

荥阳市新田地种植专业合作社于 2011 年由 6 家农户注资 100 万元发起成立，是全国农民合作社示范社。法人代表兼理事长李杰原为职业经理人，曾任职多家大型食品企业营销副总。合作社地处郑州市西 15 千米，北靠黄河，中有索河、泗河、枯河，南部有须水河、贾峪河，地下水源丰富。合作社坚持走特色发展之路——利用工业化的理念全程托管"强筋小麦和角质玉米"的高产创建模式。服务耕地面积 63.97 万亩，其中有 45 万亩优质商品粮基地；现有成员 203 户，辐射带动周边 5 个乡镇 60 个行政村 1.2 万农户，统一种植新麦 26 强筋小麦 4 万亩。在巩义、兰考、鄢陵、太康、武陟、新郑等 6 个县（市）成立了新田地合作社分社，新麦 26 种植面积 6 万余亩，带动农户 1.4 万多户。

二、全程社会化服务模式

（一）代耕代种、代管代营

荥阳、巩义、鄢陵等地农户，采取将承包地加入合作社，由合作社采用"八统一的运作模式"展开合作，让农户享受从种到销的所有服务。合作社全程负责农业生产资料的代购，负责土地深松、耙地的服务，负责飞防除草及植保服务，负责下游企业订单的签订并统一销售小麦、玉米，目前代管代种的面积有 6 万亩左右。

（二）土地银行

主要是在兰考实施，由县委、县政府、银行共同成立"土地银行"，农户将土地承权包、经营权抵押至"土地银行"，由"土地银行"根据土地的性质每年支付给农户"固定收益"（900 元/亩）＋"变动收益"（100～200 元/亩）的利息，以确保农户固定的收入。"土地银行"连方成片的土地出新田地全程垫资托管，负责农田的生产、管理、浇水、植保、收割、运输、销售，并由"土地银行"支付相关的全程垫资托管费用，托管土地的粮食收入归"土地银行"所有。新田地合作社根据当地农业产业发展的需要，采取"集中式"的"耕、种、管、收、销"闭环运作模式，从而带动当地一二三产的融合发展。

（三）联耕联种、联管联营

在兰考和新郑等地，农户将承包地统一入股到村级集体农场，并筹建"新田地集体农场＋农业生产要素车间"。由合作社全程垫资托管农场的土地，采取破边、破渠、破埂的方式，实现联耕联种、联管联营的"集中式"单一产品种植。生产要素车间是以行政村覆盖的基本农田为单元，进一步健全农技推广、农产品质量安全监管、农产品销售、农业生产资料采购等"四位一体"经营性管理平台。通过合理配置粮食各环节的生产要素，每车间配备车间主任一名，通过工业化的管理理念，实现优质强筋小麦、角质玉米标准化生产的一种农业生产管理方式。①按照农户确权的耕地面积乘以平均亩产，由"新田地农场"进行粮食、粮款的分配。②合作社联管、联营的小麦平均亩产量在 1 100 斤左右，高于农户平均亩产量100 斤以上，价格高于市场价每千克 0.2 元；玉米平均亩产量在 1 300 斤左右，高于农户平均亩产量 200 斤以上，免费烘干，统一销售。③对于"破边、破埂、破渠、破路"多余耕地，作为村集体经济收入；同时，合作社按照托管土地面积，每亩给予 30 元的管理费作为村集体经济的收入。

三、优质强、弱筋小麦生产的服务模式

（一）模块化管理抓标准

为解决"谷贱伤农"问题，采取以村为单位，筹建村级"生产要素车间"，作为新麦 26 模块化管理平台，对每个生产要素车间，采取车间主任负责制，全方位提供"原种、配肥、种植、农机、农技、飞防、收割"等全程社会化服务，按照"选择原种、控制播量、适期晚播、控施配肥、飞防除草、飞防控旺、飞防统治、氮肥后移（弱筋小麦前移）、蜡熟收割"，对每一环节制定生产标准细则。通过与粮食产业联合体的中游农机合作社、农机公司等成员签订服务外包协议，按照合作社每个种植、服务节点的技术集成标准作业，价格要求低于市场价 20%～30%，进行"耕、种、管、收"服务，确保产出的强弱筋小麦、角质玉米达到订单企业的标准。

（二）"合作＋托管"做规模

针对农村劳动力较少问题，公司立足实际，整合资源，逐步探索出"合作＋托管"的合作模式，全面展开了"带地入社"和"土地的全程垫资托管"服务，既解决了"谁来种地，怎么种地"的问题，又实现了"人不在家，收入增加"的效果，提升了合作社的影响力和凝聚力。

（三）订单模式做效益

规模分摊成本，结构产生利润。如何根据市场需求，让农户在从种到销的产业链条中实现利益，是带动农户做优做强强弱筋小麦的关键问题。

控制成本：和生产资料的上游企业签订购销合作协议，与上市的种子公司签订供销合作协议，采用厂家直供办法，减少生产资料的投入成本。

精细管理：联合并组建农机专业合作社、飞防植保农机公司，直接对连方成片的土地开展农机服务、农技配套服务、统一组织飞防植保和氮肥后移的服务，对"耕、种、管、收"采用全程机械化，降低了人工、时间、费用的投入。

订单销售：和下游多家制粉企业，如中粮郑州粮油等签订销售订单。2018年与中粮（郑州）粮油有限公司、郑州海嘉食品有限公司等签订4万多吨优质强筋小麦销售合同，销售额在7 200万元以上。

（四）联合体模式发展全产业链

联合中原银行、郑州市农业担保有限公司等，共同成立河南省新田地粮食产业联合体。做到了产前生产资料供货价低于市场价20％～30％，产中农机植保服务价低于市场价20％～30％，产后优质粮食销售价高于市场价10％左右。同时，实现了纵向的种子、化肥、农药、农业机械、农村金融、农业科技、粮食收购、粮食烘干、粮食储存、粮食物流、粮食销售的延伸；横向的质量安全、绿色有机、粮食加工、粮食品牌、线上线下的拓展。通过"生产、采购、收储、加工、销售"一体化布局，建立农户与经营主体在产业链条中的利益共享机制，构建了一条从田间到餐桌的全产业链条。

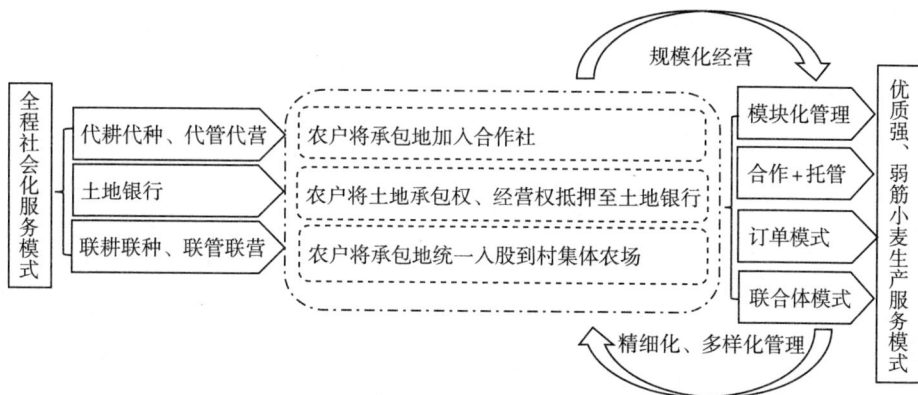

荥阳市新田地种植专业合作社社会化服务模式

四、经济效益、社会效益和生态效益

一是经济效益。①节本增效。通过全程托管模式生产优质强筋小麦、角质玉米，在"购、耕、种、管、收、销"的全程社会化服务的环节，每亩节省成本 220 元以上。②粮食增收。通过合作社全程标准化科学管理，比同地区小麦平均亩产增收 100 斤以上，玉米增收在 200 斤以上，每亩增收 350 元左右。③优质优价。收购小麦每斤高于市场价 0.1 元；玉米是免费烘干，成本在 0.05 元/斤；小麦、玉米售价的提高，亩增加收入 100 元左右。总体上每亩增加效益在 570 元左右。

二是社会效益。通过全程托管，解放了农村劳动力，促进了农村劳动力转移；通过机械化作业，探索出优质粮食大田作物全程机械化生产模式；通过区域化、标准化、规模化、机械化和粮食烘干塔烘干，促进品种优质化、栽培高产化、土地规模化，使合作社社员规模不断壮大，效益逐年提高。

三是生态效益。依托"生产要素车间"提供"八统一"的服务，将玉米秸秆打包作为奶牛饲料，将小麦秸秆打包作为造纸原料，增加了土地收入，减少了秸秆焚烧造成的环境污染。

优化服务手段创新经营举措
积极探索土地托管新模式

——内乡县兴华农业种植专业合作社

编者按: 内乡县兴华农业种植专业合作社以农业种植服务为主导,开展土地托管经营。与农户签订《土地托管协议》,对所有土地实行"六统一"服务。合作社成立土地托管办公室,建立县、乡、村三级服务网络,负责土地托管具体事项。为降低运营成本,提高产品品质,合作社通过与内乡县庆丰公司合作,在物资购买、肥料使用、品种选择上均起到节本增效的作用。同时,合作社利用自身资源,建立种、管、收一条龙服务和成熟的科技服务机制,真正实现高产出低投入,提高农民科学种田水平。

近年来,内乡县兴华农业种植专业合作社主动适应农业经济发展新常态,以"提质增效、转型升级"为契机,创新经营理念,优化服务手段,积极主动搭建了土地托管服务新模式,取得较好成效。

一、基本情况

内乡县兴华农业种植专业合作社成立于 2010 年 11 月 16 日,注册资金 1 288 万元,位于内乡县城关镇环西大道西侧,主要业务以农业种植服务为主导,开展小麦、玉米、花生等农作物种、管、销一体化经营。合作社入社成员 352 人,带动农户数 2 028 户,拥有各类大中型农业机械 36 台(套),房屋 18 间,建筑面积 2 668 平方米。合作社理事长徐红飞于 2014 年被河南省评为"第二届河南省优秀实用人才";合作社 2015 年被省农业厅认定为省级示范社；2014 年、2015 年连续两年被南阳市人民政府评为"全市粮食生产先进农民专业合作社"。

二、运行模式

兴华农业种植专业合作社对农户的土地实行托管经营。农户以自愿为原则，在土地所有权不变的前提下，将土地生产经营权移交给合作社经营。合作社与农户签订《土地托管协议》，根据不同地块地质、生产水平，合作社以保产量形式（除自然灾害），全年收取 400～500 元托管费；在生产过程中，对所有托管土地实行"统一品种、统一整地播种、统一肥水管理、统一病虫害防治、统一技术指导、统一机械收获"六统一服务，待粮食收获后，农户可以直接将粮食收走或者以每千克高于市场价 0.2 元出售给合作社。这一探索，既能提高合作社的管理水平，又能使有限的土地面积产出量最大化；既有利于现代农业走上集约化、规模化、规范化、生态化之路，也有利于年轻有为的农民腾出时间和精力去学习技能、经商或创业。

三、主要做法

（一）建立农户保障机制

合作社成立以来，率先成立了土地托管办公室，负责合作社土地托管具体事项。合作社在全县重点乡镇设立土地托管服务部 11 个，设立村级服务点 26 个，培养农机农艺服务员 126 个，已初步形成县、乡、村三级服务网络，在赤眉、大桥等 5 个乡镇 42 个行政村开展全程托管服务7 100 亩。合作社在托管土地前充分考虑和尊重农民意愿，与农户平等协商，不哄抬托管费用，不强行托管农民的土地，托管手段灵活。只要农民有托管意愿，费用合理，合作社都一视同仁予以接收，并科学管理，精心经营，同时根据不同地块签订不同保产合同，低于合同约定产量，由合作社赔付，高于合同约定产量，农户自己受益，确保农户利益最大化。

（二）建立合作经营机制

近年来，由于大量农村青壮年劳力外出务工经商，土地粗放经营甚至撂荒情况时有发生。为解决这一问题，合作社利用自身技术优势，主动与内乡县庆丰公司对接，利用公司资源优势，以土地托管为平台，根据农户自身需求，积极开展土地托管经营，农民将不愿种、种不了和效益不好的承包地委托合作社代耕代种，每年向合作社缴纳一定的费用后，从种到收全部由合作社负责，合作社保证在同等条件下，每亩收益比其他农田高 10% 左右。在经营过程中，由于合作社供应的农用物资属于集体购买性质，直接从厂家到农户，减少县级和乡镇两个环节，其运营成本大大降低。就小麦、玉米、花生等农作物肥料使用方面，与内乡县庆丰公司合作，全部使用该企业的肥料，按照合同约定，合作社根据具农业部门对土地托管区域土壤化验报告，针对不同地块土壤养分，合理订制了配方肥，保证产品质量，同时，企业送货到田块，降低了运输成本；合作社安排多个品种比较试验，通过抗性、产量、品质及综合性状比较，确定推广使用品种。四年来，合作社先后为社员提供小麦良种 520 万斤，玉米良种 47 万斤，优质肥料 6 000 吨，累计节约投入 290 万元，增加收益 1 200 万元。

（三）建立高产高效机制

通过合作社种、管、收一条龙服务，减少了许多中间环节投入。就种子而言，合作社统一采购每亩能减少投入 10 元左右，肥料亩减少投入 30 元，机耕机播亩减少投入 15 元，田间管理（浇水、除草、打药等）减少投入 30 元，收获亩减少投入 10 元左右，整个环节每亩可减少投入近百元。就机械化作业而言，合作社利用大型机械旋耕、耙耱、播种、施肥等，省工、省时、省力，更省钱，提高了服务质量，降低了生产成本，每亩机耕分别比市场价格低 5 元，机耕机播两项每亩每年（两季）节约 20 元。就农民收入而言，由于从种到收全部由合作社负责，统一代种、供肥、除草、机耕、机收，在减少劳动力投入和直接经济投入的前提下，农户每亩收益比其他农田高 10% 左右。正常年份，一亩地群众自己种植，按照高产出低投入来算，一年净收益最多为 500 元，而土地托管农户，什么也不管，一年到头，扣除一年两季土地托管费 400～500 元，最低收益也能达到 800 元。

（四）建立科技服务机制

合作社充分调动农机农艺人员积极性，深入生产经营第一线，从农资的选购到播种、施肥、除草、浇水、收获等实现一条龙服务，不仅降低了生产成本，而且提高了农作物种植水平，4 年来共组织各类培训 80 余场次，培训农户与社员 7 000 余人次，解答群众及社员提出的农业技术问题 200 项次；同时合作社免费为社员提供农业技术、品种、价格、政策等涉农信息，其中仅免费发放技术资料一项，合作社投资就达 10 万元，提高了农民科学种田水平（见下表）。

内乡县兴华农业种植专业合作社社会化服务主要做法及成果汇总

主要做法	途 径	内 容	成 效
建立农户保障机制	土地托管办公室	土地托管具体事项	与农户签订平等、科学的托管合同
	土地托管服务部	开展县、乡、村三级托管服务网络	开展全程托管服务 7 100 亩
建立合作经营机制	对接内乡县庆丰公司	根据土壤化验报告定制配方肥	使用优质肥料 6 000 吨，节约 290 万元
	利用合作社自身优势	购买家用物资，通过实验推广良种	使用良种，增加收益 1 200 万元
建立高产高效机制	合作社负责制	开展种、管、收一条龙服务	生产投入环节共节省 95 元/亩左右
			最低纯收益达 800 元/亩左右
建立科技服务机制	农机农艺人员深入生产经营第一线	参与农资选购、播种、施肥、除草、浇水、收获一条龙服务	提高农作物种植水平
		开展各类培训、指导活动	提高农民科学种田水平

提供全方位农业服务　促进规模化粮食生产

——南乐县鑫农种植专业合作社

编者按：南乐县鑫农种植专业合作社以土地托管为突破口，以满足农业全程社会化服务需求为背景，推进农业产业化经营。合作社以农业科技实验示范为切入点，在土地全程托管的基础上，引进示范推广优质粮食作物品种，利用现代技术开展病虫害统防统治，培育新型职业农民。合作社以规模化服务为发展方向，贯穿全程化生产流程，延伸多种类作物种植。最终实现推动土地规模经营、增加农民收入、保障粮食安全和食品质量安全，探索加快构建新型农业社会化服务体系的新途径。

一、基本情况

南乐县鑫农种植专业合作社最早筹建于 2005 年 9 月，原名为"南乐县小麦种植专业合作社"，于 2011 年 9 月 2 日注册更名为"南乐县鑫农种植专业合作社"。法定代表人安振峰，注册资金 413.6 万元。企业类型为：农民专业合作经济组织。主要从事小麦种子的繁育、生产、加工、销售，优质小麦、玉米的订单生产，开展推广优良品种、配方施肥、机播机收、病虫害统防统治、烘干储藏、科技推广、信息咨询服务等业务。

合作社现有员工 35 人，其中专业技术人员 13 名；有专业加工、仓储、检验人员 5 名；其他人员 17 名，从农业科研院所和大专院校聘请常年技术顾问 5 名。占地面积 15 000 平方米，现有标准仓库 3 000 平方米，标准晒场 2 个，面积 3 000 平方米。

2015 年 5 月，合作社被河南省农业厅、财政厅评为"农业科技试验示范基地"；2016 年 5 月，被河南省农业厅评为"2015 年度河南省农民合作社示范社"；2016 年 12 月，被农业部、中华全国供销合作总社等九部委联合评为"国家农民合作社示范社"。

二、主要做法

合作社成立以来，始终坚持"对农业负责，为农民服务，促大地丰收"的立业宗旨，紧紧围绕"诚实守信、规范经营"，贯穿发展这条永恒不变的主线，以增收为核心，以土地托管为突破口，大力推进农业产业化经营，各项业务呈现出良好的发展势头。

（一）落实为农服务，开展土地流转和土地托管

为适应农村发展新形势，鑫农种植专业合作社，自 2016 年以来在近德固乡李村、彭村、善缘村共流转托管土地 0.6 万亩；和杨村乡 17 个村 3 500 个农户签订土地流转托管服务协议书，流转托管土地 1.8 万亩，在良种繁育基地、订单农业优质小麦生产基地托管土地 3.9 万余亩，深耕深松土地 1 980 亩，带动全县订单农业优质小麦生产基地流转托管土地 8 万余亩，深耕深松土地 2 万亩。

（二）引进示范推广新品种，确保农民增产增收

近两年来共引进示范推广小麦、玉米新品种 8 个，繁育推广面积达到 15 万亩，实现农民增收 150 余万元。

（三）利用现代农业技术，开展病虫害统防统治

合作社拥有标普农业无人驾驶植保农用飞机 20 台、新型弥雾机 30 台、车载式喷雾机 2 台；员工 39 人，其中农业技术人员 7 人，飞防队员 30 人。日作业能力近万亩。

2016 年农作物病虫害统防统治面积 1.1 万亩，防治速度和防治效果得到广大农户认可，挽回经济损失数百万元，为全县粮食安全生产做出了积极的贡献。

2017 年合作社积极探索，拓宽飞防应用领域，筛选出多个除草剂配方，先后在小麦、玉米上进行试验和推广，都收到了良好效果。2017 年作业面积 4.5 万余亩。

2018 年统防统治 8.3 万亩。两年来，合作社的飞防队员南征北战，在河南郑州、许昌、新乡长垣、山东莘县、东明、河北魏县等地作业。飞防作业及时控制了病虫害的蔓延和危害，为国家的粮食安全及农民增收提供了保障。

(四)订单回收，优质优价销售

2015—2018 年，合作社共回收小麦种子及优质订单小麦 9 万多吨，回收烘干玉米 5 万余吨。种子及优质小麦以高于市场价 0.2 元/千克的价格进行回收，使农民直接增收 1 800 万元。以高于市场价 0.06～0.1 元/千克的价格回收烘干优质订单玉米，使农民直接增收 400 万元。

(五)拓展延伸服务环节，适应农业全程社会化需求

合作社推动规模化服务向种肥同播、统防统治、籽粒直收、粮食收储烘干等种、管、收全程机械化延伸，向玉米、小麦、林下作物等多种类延伸，努力适应现代农业发展需要。

(六)强化农业科技服务，培育新型职业农民

合作社充分发挥技术装备和人才优势，深入开展测土配方、智能配肥、农民培训、技术指导等农业科技服务。每年开展病虫害防治等技术讲座 100 余次，发放各种科技宣传材料 5 万余份；举办各类农民科技培训班 15 期，培训农民社员和群众 2 500 人次，促进了农民群众生产管理素质提升。聘用农艺师和高级"庄稼医生"2 名，免费开展测土配方施肥和农民技术培训等各类农业科技服务。

三、主要成效

土地托管，是鑫农专业合作社构建新型农业社会化服务体系，推进多

种形式适度规模经营发展的有益尝试。通过发展新型农业社会化服务组织，破解了"谁来种地"和"怎么种地"的难题，推进了农业经营方式转变，获得了以社会化服务推进现代农业建设的成功经验。

一是推动土地规模经营。开展土地托管，经营风险由农户和合作社共同承担，对自然灾害的风险承受力和耐受力增强。首先，解决了流转土地费用较高的问题。合作社通过规模化服务延伸产前产后链条获得利益，避开了租金的风险，而农民则在托管服务中通过节本增效增加了收入。其次，打通了制约农业生产从量变到质变再次飞跃的瓶颈，打破了户与户之间的纵横边界，实现了"围棋盘"上的集约化经营，实现小农户与现代农业发展的有机衔接。再次，解决了当前"谁来种地、怎么种地"的问题，避免了个别土地因农民外出打工而撂荒的现象。因此，土地托管为促进土地适度规模经营提供了强力保障。

二是增加了农民收入。土地托管，实现土地连方成片，可增加有效种植面积13％～15％，有利于改良土壤，采用新品种、新技术，实施种子二次包衣、种苗无菌化培植、测土配方施肥、种肥同播、宽幅精播等科学种田措施，每亩每年可增产约100～120斤，每亩可减少10％的农资、电力、用水等种植成本；有利于解决进城务工农民的"土地包袱"，节省来回返乡时间和费用，间接增加了农民务工收入，此外农民还可以分享二三产业增值利润和务工收入。

三是保障了粮食安全和食品质量安全。土地托管，充分尊重和保护了农民种粮积极性；整合了土地资源，改良了土壤，推进了农业机械的大面积使用，稳定了粮食种植面积，提高了粮田的综合生产能力；规范了农业投入品管理，减少化肥农药施用，使农民更加注重粮食品质，促进了食品安全和生态环境建设。

四是探索了加快构建新型农业社会化服务体系的新途径。土地托管，把农民在农业生产关键领域、关键环节组织起来，引导其组建或加入合作社，培育了多种形式的新型农业社会化服务组织，发展了农业生产性服务；把农业生产与现有的流通加工龙头企业对接或发展自己的加工流通企业，推进产业向二三产业延伸，推进了农业服务业的发展。

土地托管采用了大规模、机械化作业，提高了土地利用率，搭建起了吸纳先进实用科技成果的服务平台，使一家一户分散种植难以实现的规模化优势得到充分发挥。同时，集中采购种子、化肥、农药，实行机械化播种、喷药、收割、节水灌溉等增收节支措施，大大提高了资源利用率和劳动生产率。

【链接】走好农业合作化道路

习总书记说，走好农业合作化的道路，我们要总结经验，在全国不同的地区实施不同的农业合作化道路。

中国是农业大国，从肥沃平缓的黑土地，到河道纵横的江南水乡，再到深沟大壑的黄土高原，都有独特的资源、作物和产业。各地要因地制宜，提高农业合作化水平，更好地为农民服务，为农业助力。

农业合作化是一种组织创新，提高了农业组织化、集约化程度，在农业基础设施保障、农村公共产品供给、农业技术推广、农产品销售渠道拓展、农业产业链延伸等多个方面都发挥了不可替代的作用，是助力农业经营体制机制创新的重要载体，也为农民参与市场竞争搭建了广阔平台，增强了农民的市场谈判地位和议价能力，促进了农民就业和增收。

正因为适应了农业现代化的方向，这一模式充分释放了科技力量，以大规模农业机械化、专业化运作为标志，大大解放了生产力。截至2019年，我国农业科技进步贡献率达到59.2%，全国农作物耕种收综合机械化率超过70%，产量多年连增，市场竞争力不断提升。这背后农业合作化功不可没。

农业合作化的成功经验告诉我们，要走组织化的农村市场化发展路子，把分散的农民联合成为一个有机的整体，以形成强大的市场竞争力。坚持农业合作化道路，通过组织创新、技术创新、制度创新等多种手段，有计划、有组织、有步骤地发展多层次、多形式、全方位的农业社会化服务组织，就能不断提升农业现代化和高质量发展水平，为我国迈向农业强国作出更大贡献。

资料来源：中华人民共和国人民政府网。

扎实助力小农户　一站提供全服务

——温县永生植保专业合作社

编者按：温县永生植保专业合作社以服务散户为主。这与在土地资源优化集约的基础上实现农业生产托管不同，本案例以分散的小农户为服务对象，帮助小农户成为现代农业经营体系的独立个体，打通小农户参与现代农业分工协作的难点节点，把小农户纳入现代农业的分工协作中，为我们提供了农业生产托管的新视角。

一、基本情况

温县永生植保专业合作社成立于 2008 年 4 日，位于温博路一中向北 1 千米路东，现有社员 208 人，主要从事农资销售、农机服务、农技服务、大田作物飞防、植保无人机操作员培训等业务。拥有仓储设施 700 平方米，培训室两个共 200 平方米，大型收割机 6 台，植保器械 300 余套，各类植保无人机 20 架，聘用了无人机操作员 40 人。

温县永生植保专业合作社经过多年的摸索与尝试，针对目前农业生产出现的土地细碎化、从业者老龄化、结构单一化、技术陈旧化等问题，探索出了一套以生产托管为依托，为农民群众提供农业生产资料、农业技术、农机作业、技术培训等"一站式"服务的社会化服务新模式。

二、主要做法

（一）开展生产托管业务

针对市场的不同需求，合作社主要采用了"全托"和"半托"两种托管模式。对于流转土地面积较大，缺乏管理手段的企业和种植大户，主推"全托"模式，将土地从种到收的所有环节，全程托管给合作社管理，合作社保底小麦、玉米亩均产量不低于450千克。对经营面积小、缺少技术支持、缺乏劳动力的农户，主推"半托"模式，合作社提供从种到收各环节的服务，由农户自主选择服务项目。截至目前，合作社共计"全托管"土地4 000余亩，"半托管"土地20 000余亩，平均每亩土地节省管理费用20元，直接收益约40万元。

（二）专业化植保服务

合作社现有专业统防统治人员26人，其中中高级以上技术职称4人。为了更好开展植保服务，合作社集中购置了车载式大型喷雾机、喷杆式喷雾机、自走式喷雾机、担架式喷雾机、电动喷雾机等各类植保器械共计300余台，并率先引进了植保无人机，通过与无人机销售厂家密切合作，为合作社培训了40名无人机操作员。有了这些基础，合作社成立了10个机防服务队和3个飞防服务队，具有一次性开展万亩农业、林业病虫害防治业务的能力。同时专门为社员制定了"内部价格"，凡是社员购买植保服务，可以享受10%～20%的价格优惠，最大限度地保证社员利益。

（三）快捷化农资服务

针对社员和农户的实际需求，合作社先后与山东鲁西化肥集团有限公司、云南云天化肥股份有限公司、山东施可丰化肥集团有限公司等国内知名农化企业建立了合作关系，采用"统一购买、统一配送、统一结算"的方式，向社员和农户提供农资服务，让社员和农户既享受了优惠，又免去了运输支出。据统计，仅2018年合作社通过这种方式向社员和农户直销各类农资产品累计1.6万吨，销售总值约780万元，节省资金约90万元。

（四）"保姆式"农机服务

由于多数社员仍然采用散户经营的方式，地块面积小，无法有效利用大型农机，每年农忙时，各家各户都要投入大量人力劳动，为了解决这一问题，合作社每到农忙时，就拿出自己的6台大型收割机，并向社员租用拖拉机、播种机、秸秆还田机、旋耕机等机械，以低于市场平均价格向社员提供服务。尤其在"三夏""三秋"重要时段，为了确保服务覆盖效果，保证每个社员都能享受到服务，合作社专门成立了农机抢修队伍，组织多辆维修服务车辆，随时送维修到田间地头，确保作业机械技术状况良好。同时通过微信群、公众号等形式搭建了简易农机服务信息平台，随时向机手发送机械需求、天气预报、作业进度等信息，确保作业机械能得到合理调度。

（五）标准化农技服务

为了更好地为社员和周边农户提供农技服务，合作社采用了"专家＋示范田＋技术指导员＋示范户＋农户"的服务机制。由于市场上各类农资、农技产品数目多、规模大，但质量参差不齐，农户经营因为选择了劣质产品而遭受损失。为了有效避免这种情况，合作社采用专家包示范田、技术指导员包示范户的方式，开展新技术、新产品筛选示范工作，帮助农户选择最好的产品和技术。同时在关键季节和时间节点，免费向社员和农户示范推广良种良法配套、秸秆还田、机械深耕、测土配方施肥、"一喷三防"等实用技术。

三、主要成效

（一）保障了农户一般技术和农资需求

一是为外出务工和家庭缺乏劳动力的社员和农户解决了无人管理土地的后顾之忧，提高了防治效果。相比农户自主防治，专业防治效果明显，成本低，加快了新型植保技术和植保器械的推广与应用，有效降低了农药污染和农产品农药残留，保障了农产品质量安全。

二是保障社员和农户生产资料供应。一方面通过"企业＋合作社＋农户"的形式，保证了种子、化肥、农药等生产资料的品质，为种植户免去了产品筛选的不便，采用统一购买、统一配送的方式为种植户节省了运输成本。另一方面合作社牵头，帮助种植户租用、调配农机，农户的小麦、玉米、怀药、花生等作物的耕、耙、播、收、灌溉实现全程机械化、自动化。

三是开展新型农业技术的推广和应用。先由合作社示范种植，再全面推广，为种植户降低了种植风险。通过这一方式，多年来先后从山东鲁花集团种业有限公司、焦作市农科所等科研单位引进了 10 余种应用技术，已大范围推广，取得了良好效果。

（二）实现了土地规模化、集约化经营

通过土地流转把零散土地集中起来，提供系统化、全面化服务，合作社获得利润，抵消了土地租金风险，农户则减少了土地管理成本，从而增加了收入，同时，打破了农户各自为战的局面，实现了土地规模化经营，解放了农村劳动力，农民在外打工，不用担心土地撂荒问题。

四、下一步打算

一是健全深化综合服务能力，通过"企业＋合作社＋农户"的合作链条，建立更加紧密的利益联合机制，以合作社为支点，以企业为依托，以农户为中心，开展产前、产中、产后一体化服务，继续推广土地全程托管服务，把农村劳动力从繁重的农业生产中解放出来，加强技术推广力度，完善培训职能，鼓励社员发展多元化农业，由单纯的服务农业向服务三农全方位拓展。

二是成立专业化无人机操作员培训中心。无人机飞防技术是目前较为热门的新型技术，具有效率高、效果好、成本低等优点，但是操作难度大，需要引进专业操作人员。合作社计划在原有培训设施基础上，进行整体提升，打造一个集教学、实践、资质认证为一体的专业化无人机操作员培训中心，主要负责无人机操作员的教学、实践以及资质认证等。通过专业人才输出保证合作社发展活力，带动周边共同发展。

三是创新服务手段。强化学习能力，深入了解"互联网＋""农业＋""大数据""云计算"等现代农业发展新理念、新科技，大力发展"数字农业""智慧农业"，顺应社会现代农业发展需求。

■■■【链接】"半托管"服务与"全托管"服务的区别

温县永生植保专业合作社是提供"半托管"服务的典型。"半托管"服务与"全托管"服务在农户需求、服务主体实力和服务内容方面有明显差别:"全托管"服务,又称"保姆式"托管服务,主要是为农户提供所有生产经营环节服务。一般情况下,委托和受托双方签订服务协议,事先确定种植作物及产量、服务项目、托管费用等信息。全程托管服务对象一般对服务能力和实力有较高的要求,需要整合农资、农机、农技等各类生产要素,对农民节支增收效果明显。"半托管"服务,又称"菜单式"托管服务,主要是为农户提供耕、种、管、收等单个或多个生产经营环节的服务,按实际作用项目结算服务费用。半托管服务相对灵活,也是托管服务的主要方式。

点　评

　　河南既是农业大省也是粮食大省。河南省地处华北平原南部，属黄河中下游地区，有着广阔的平原面积和丰富的光热资源，水资源也较为丰富。河南省用占全国 1/16 的耕地生产了占全国 1/10 的粮食，粮棉油等主要农产品产量均居全国前列，其中小麦产量占全国 1/4，位居全国第一，在保障国家口粮安全和提供优质农产品方面起着重要作用。2019 年 3 月 8 日，习近平总书记在参加十三届全国人大二次会议河南代表团审议时，深刻洞悉粮食产业发展规律，提出了破解"既要保安全、又要促发展"这一世界性难题的宏大命题，指明了"三链同构"的发展路子：即延伸粮食产业链、提升价值链、打造供应链。

　　那么，如何落实"三链同构"？2020 年 6 月河南省政府出台的《关于坚持三链同构加快粮食产业高质量发展的意见》，指出要把分散的市场主体、分散的环节和产品有机联结起来，针对粮食产业，尤其强调把粮食这个特殊产品和小农户这个特殊的市场主体，带到社会化大生产中去，带到现代化进程中去，实现共同发展，促进乡村振兴。而农业适度规模经营则是实现小农户与农业现代化有机衔接的重要途径。近些年来，基于土地流转的适度规模经营面临"瓶颈"：土地产权的残缺和不稳定导致诸多风险，土地租金逐渐成为农业规模经营中不可回避的刚性成本，流转大户"弃租""退租"现象频出，流转势头逐渐放缓。而基于农业社会化服务的适度规模经营发展速度逐渐加快，对农业的服务水平显著提升，对农业的支撑和保障作用明显增强，也在实践探索中形成了主体多元、形式多样、竞争充分的服务模式，其中，以农业生产托管为代表的农业生产服务得到长足发展。农业生产托管是区别于土地规模经营的一种服务型规模经营模式，这种模式能显著降低农业生产经营成本，避免土地规模经营带来的风险。在保证农户承包权、经营权与收益权等权能不变的基础上，委托方缴纳一定的服务费用，由受托方提供单个或多个环节的多元化服务代其管理经营，将处于分散状态的委托方的土地统一管理。

　　在实践中，粮食等大田作物的农业托管与经济作物的托管不同，粮食作物因其低收益和低市场风险，进行生产托管的收益与成本之间的空间较小，其困难主要在于小农户无法适应现代化大生产。案例中，河南省郑州程祥农业科技服务有限公司、荥阳市新田地种植专业合作社、内乡县兴华农业种植专业合作社、南乐县鑫农种植专业合作社和温县永生植保专业合作社在推行粮食作物全程托管服务，促进小农户与现代化大生产的衔接中进行充分探索。五个案例都是以提供小麦、玉米等粮食作物生产全程托管服务为主，但在利益分配方式、耕地经营方式、服务内容等方面各有不同，能够从不同方面给予启示。

在河南省郑州程祥农业科技服务有限公司案例中，提升粮食生产环节质量安全是该公司取得成效的关键之一。粮食生产环节是质量安全的源头，而我国小农户在目前及将来较长一段时间仍是农业生产的经营主体，因此，在小农户生产过程中嵌入有效的农业社会化服务是提升粮食生产质量安全的重点。首先，在改善粮食供给结构变化方面，公司与品牌种子供应商合作，种植优质小麦，又通过与龙头企业合作，采取订单生产，实现加工品牌化。其次，在应对粮食生产成本上升方面，公司基于当地土壤和种植结构的实际情况，通过明确品牌、限定价格、公开招标等方式降低农资价格。再次，在消除劳动力投入限制方面，针对农村普遍存在的空心化，公司采取全程机械、按需定制的方法，实现对所有服务农户进行全程机械化服务。最后，在提升农户种植技术方面，公司积极发挥示范效应和覆盖效应，坚持全程培训和跟踪指导，在新技术应用下实现节本增效，同时达到提升粮食质量安全的效果。整合第三方服务平台的资源优势是该公司取得成效的另一个关键所在。小农户和各类新型农业经营主体是农业社会化服务的需求方，因其在经营主体、经营规模、经营内容等方面的差异，对于农业社会化服务的需求也有所不同。而单个服务主体的能力有限，需要借助第三方服务平台提供优质资源。该公司借助由多家银行组建起来的金融服务平台为经营主体融资贷款，缓解经营主体"融资难"的问题。借助由科研院所和企业联合打造的技术服务平台，有效缩短传统农业生产经营和农业科学技术供给与农业高质量发展之间的距离。借助由多家农机合作社和农户组建的土地托管平台，一是节省土地流转费用，通过整合土地资源，打破户与户之间的纵横边界，实现大型机械作业，提升农业生产效率；二是节省农机购置成本，通过提供公司农机服务和外部农机服务，拓展服务范围和能力。借助益农信息社打造农产品电商销售平台，助力农产品出村进城，提升信息服务对经营主体发展生产、改善生活以及增收致富的作用。

荥阳市新田地种植专业合作社提供涵盖粮食从种到销的社会化服务，这与河南省郑州程祥农业科技服务有限公司所提供的服务相似，但新田地种植专业合作社的亮点在于其对全程托管的拓展性实践。除"代耕代种、代管代营"模式外，合作社采取的"土地银行"和"联耕联种、联管联营"两种模式，分别依托不同机制应对农村土地流转困境。其中，土地银行利用市场机制调节土地的供需以及实现土地的规模化经营，提高土地的使用效率。农户将土地承包权、经营权抵押至土地银行，由土地银行根据土地的性质支付给农户相应的利息，并对土地进行整合与打包，在不改变土地农业用途的前提下放贷给土地的需求者，土地银行扮演着供需双方的中介角色，提供供需双方的交易平台。而"联耕联种、联管联营"则是通过农户将承包地作价入股到村级集体农场，再由合作社统一托管村集体农场。以上两种模式都是在没有改变土地承包权和经营权、没有要求农户流转承包地的前提下，依托农业社会化服务实现规模经营的创新，既破除了农地细碎化对机械化耕作的桎梏，也促进了集成式农地经营技术的推广，降低农业生产成本和经营风险，兼顾村民个人利益和村集体利益。此外，新田地种植专业合作社的另一个亮点是在优质粮食大田作物（优质强、弱筋小麦）全程机械化生产模式中引入村级"生产要素车间"这一关键环节。随着合作社服务规模的拓宽和服务半径的扩大，合作社对生产服务的统一调度难以实现。为解决这一问题，合作社建立以村为单位的"生产要素车间"，实现在规模经营的同时兼顾标准化生产，且标准化生产的质和量都能得以保障。对于标准化生产的质的保障，在于生产要素车间包含农业生产所需的全部环节，并对每一环节制定生产标准细则，满足精细化、多样化的管理需要。对于标准化生产的量的保障，在于生产要素车间中各服务节点的分散外包，由于合作社无法也不必承担生产过程中所需的全部农机，故将耕种收作业服务以及绝大部分的飞防作业服务外包给其他农技服务组织或个人，服务费用由社员与农机服务人员直接结算，这样做可以保证对各类经营主体各项农业社会化服务需求的满足。

内乡县兴华农业种植专业合作社和南乐县鑫农种植专业合作社开展的全程托管综合服务均是建立在土地托管这一基础之上，实现规模化经营。土地托管是无力耕种或不愿耕种的农户，在加入自愿、退出自由和服务自选的原则下，在不改变农村集体土地所有制性质、农户承包经营权的前提下，选择托管服务组织提供种、管、收、售全程化服务的一种制度。土地托管较土地流转更受农民广泛欢迎的原因在于土地托管不触动家庭承包经营的基础，也不涉及农民土地财产权利的重大改变，而仅仅通过提供规模化服务解决分散农户种植细碎化的问题。案例中，内乡县兴华农业种植专业合作社通过建立由土地托管办公室和县、乡、村三级土地托管服务网络组成的土地托管平台，可辐射 5 个乡镇 42 个行政村的 7 100 亩土地，在实现土地优化集约的基础上提供托管服务。而南乐县鑫农种植专业合作社则是在辐射南乐县 80 000 亩小麦生产基地的基础上提供托管服务。在生产经营过程中，两个合作社都认识到自身能力的局限，均采取合作的方式提供服务。内乡县兴华农业种植专业合作社采取"合作社＋企业"的形式提供托管服务，企业负责提供优质配方肥，合作社对农资购买、选种、机耕、机播、除草、机收等环节负责。南乐县鑫农种植专业合作社采取"农业科研院所/大专院校＋合作社"的形式提供托管服务，合作社常年聘请技术顾问开展测土配方、智能配肥、农民培训、技术指导等农业科技服务，搭建起先进实用科技成果的服务平台，合作社则利用自有飞防队伍组织病虫害统防统治工作，并实现种肥同播、籽粒直收、粮食收储烘干等种、管、收全程化延伸服务。

温县永生植保专业合作社在农业社会化服务中，对流转大户主推"全托管"服务，对散户主推"半托管"服务。其中，"半托管"面积是"全托管"面积的 5 倍，说明小农户在与现代农业衔接的过程中对现代农业要素的需求不断增加，农业生产托管服务的前景十分广阔。植保环节在合作社提供的服务中最具专业性。合作社具备一次性开展万亩农业、林业病虫害防治业务的能力，同时为社员制定"内部价格"，能充分保证社员利益。生产环节在合作社提供的服务中最具灵活性。针对社员仍以散户经营为主，地块面积小这一特征，合作社提供相应的农机服务，收取低于市场价格的费用。这样做既可以解决小农户购置农机造成生产成本上升的问题，也能够为农机服务提供者分摊农机购置费用，同时实现粮食生产的机械化。农技推广环节在合作社提供的服务中最具标准化。现代农业知识的核心要素是技术和管理，只有将先进的农业科学技术和管理办法运用到田间地头，才能真正结出"丰硕果实"。而将农业知识转化为市场能力，标准化是重要途径，农户按照标准操作才能达到品质标准并确保收益，实现预期效果。合作社采取的"专家＋示范田＋技术指导员＋示范户＋农户"农技服务机制就是对农技标准化的实践，其中包括规范化的培训、全过程的指导和监督以及基于示范田的现场示范。

发挥农机农艺优势　提升农业生产能力

创新托管服务　保障品质安全

——开封市顺河区刘寨水稻专业合作社

> **编者按：** 植保服务、机械化插秧和农业技术服务是开封市顺河区刘寨水稻专业合作社开展农业社会化服务的核心业务。针对分散的家庭经营面临不同程度上人才、技术、金融等社会资源的匮乏问题，开封市顺河区刘寨水稻专业合作社建立了相对成熟的社会化服务模式——"无公害农产品＋合作社＋农户"模式，为农户提供托管或半托管等多种便利服务，在提高农产品质量效益和竞争力，实现农民和合作社的双赢，实现农业生产的生态效益方面发挥了良好的引领作用。

一、基本情况和背景

开封市顺河区刘寨水稻专业合作社成立于 2008 年 3 月，位于开封市顺河区东郊乡刘寨村中路西侧，主要成员 10 人，注册资金 7 万元。2012 年成功申报河南省平安农机示范合作社，2016 年 9 月成功申报无公害农产品品牌，是原农业部批准的无公害水稻生产基地，主导产品为刘寨无公害稻谷。

该合作社现拥有水稻全自动育秧生产线、水稻高速插秧机 3 台、农业植保无人机 2 架（分别可负载 10 千克和 16 千克农药）、两台秸秆捡拾机。主要服务内容有：组织采购成员所需的生产资料；提供与农业生产经营有关的技术、信息；组织销售成员生产的稻谷、农副产品。合作社成立 10 余年来，一直坚持服务周边群众，致力于为农户生产提供方便。目前，该合作社年服务能力达到 15 000 亩，服务群众 2 500 户左右，年均服务收入 50 万元左右。

随着工业化、城镇化进程加快和农村生产力要素向城镇加速流动，分散的家庭经营影响了人才、技术、金融等社会资源向农业的集聚。顺河区刘寨水稻专业合作社通过多年的实践，探索出了相对成熟的"无公害农产品＋合作社＋农户"的社会化服务模式，在农业生产各个环节为农户提供托管或半托管等多种便利服务。

二、主要做法

（一）植保服务

合作社有农业植保无人机 2 架，每年以托管模式为农民提供小麦、水稻病虫害防治等飞防植保服务，服务面积 5 000～8 000 亩，服务农户 1 000 户左右，收益 20 万元左右，同时带动周边农户增收。

（二）机械化插秧

合作社拥有水稻全自动育秧生产线、水稻高速插秧机 3 台，年插秧 1 000 多亩，服务群众 100～200 户，收益 30 万元左右。

（三）农业技术服务

合作社理事长周保国长年从事农业一线生产，积累了丰富的栽培和植保技术经验，每年通过飞防、农民会、村内传统集市等各种方式为农民提供农业技术讲解，讲授小麦、水稻病虫害防治技术，受益群众 1 000 户左右，辐射周边 6 000～8 000 亩。

合作社立足当地，服务和带动周边农民群众。上述三类社会化服务主要通过三种形式宣传组织：一是乡、村微信群，利用网络资源，方便快速传达防治信息；二是村内广播通知（集中防治前一天宣传，农户自愿选择服务）；三是农民合作社成员之间的口口相传。

三、取得的成效

（一）提高了农产品质量效益和竞争力

合作社常年探索水稻种植技术和优质水稻的生产，托管2 000多亩水稻，解决了之前群众农药化肥使用不规范的问题，在合作社农艺农机相结合的统一管理下，其中1 000亩稻谷于2016年9月19日年被国家农业部评定为无公害农产品。合作社以健康安全为发展理念，同时结合水稻生态管理经验及深耕模式，带动本社区及周边焦街、道士房、吴砦、马湾等社区水稻生产健康发展。

无公害品牌认证后稻谷由原来的2.6元/千克，升值为3.1元/千克，每亩产量为400千克，每亩净增产值200元，1 000亩地就增加收入20万元，周边60多户农户每年获利上千元。在水稻基质育秧、管理、收获等阶段，带动15户农户到基地参加劳动，每人每天100元，人年均增收5 000元。

（二）实现了农民和合作社的双赢

本地为"小麦—水稻"种植模式，合作社通过提供统一农资采购、田间机械化作业等土地托管服务，农民在土地承包现状不变的情况下，节省了种植管理费、农资采购费、机械收割费等，解放了劳动力，增加了农民进城务工时间和工资收入。

（三）实现了农业生产的生态环保

在农药、化肥使用上，一家一户种植很难做到精准使用化肥和农药。社会化服务则可以通过提前预防、统防统治和机械化精准作业，减少用药量和用药次数，提高防治效果。据测算，近年通过社会化服务的农药和化肥使用量比农户自己种植管理，分别减少30％和10％。

便利增效创新路 综合服务谱新篇

——新乡五丰农业专业合作社

编者按： 新乡五丰农业专业合作社以为农户谋便利、谋效益为目标开展农业社会化服务。合作社通过示范田种植产生的直观效益，给予种植优质强筋小麦农户优惠，引导农户向种植优质强筋小麦转变，帮助农户增收。合作社还通过一系列社会化服务和技术培训服务，搭建起农户与现代农业之间的桥梁，保证了农业生产收益的同时，兼顾实现农业"绿色、高效、优质、高产"的目标。

一、基本情况

新乡五丰农业专业合作社位于辉县市冀屯镇麻小营村，成立于2013年9月，注册资金2 908万元，注册成员317户，主要从事优质强筋小麦种植、种子繁育、商品粮收储销售、技术培训和农业社会化服务。拥有仓储能力2.2万吨、粮食出入库机械31台（套）、粮种精选设备4台（套）、拖拉机、旋耕耙、秸秆粉碎机、播种机、收割机、自走式植保喷雾机等50台（套）。目前，合作社流转土地600亩，社员种植基地4 500亩，为周边近4.2万亩优质强筋小麦种植提供社会化服务。2014年合作社被确定为"国家小麦产业技术体系新乡示范基地"；2016年被农业部确定为"国家农民合作社示范社"；2017年被确定为"河南省四优四化科技支撑行动计划"优质小麦示范基地；2019年被河南省植物检疫站确定为2018年度植保专业化服务优秀组织；2019年被《农民日报》评为全国农民合作社500强。

二、服务模式

(一) 解决大服务与小农户之间的矛盾

为了促进小农户与现代农业发展有机衔接，提升农业经营集约化、标准化、绿色化水平，合作社采取两步走：第一步，通过土地流转，种植600亩高产示范田，通过直观示范，让社员认识到种植优质强筋小麦的效益，从思想上认识到种植优质强筋小麦的可行性；第二步，通过合作社自身的农机综合服务，对种植优质强筋小麦的农户加大优惠，全程托管，使农户感受到了种植的便利性。通过两步走，大大提高了社员种植优质强筋小麦的热情，即解决了成方联片种植的问题，也为小麦品质的提高奠定了基础。

(二) 全程托管服务与关键环节托管服务并举

合作社对社员实行"统一耕播、统一供种、统一防治、统一收割、统一入库"，既确保了小麦品质，又节约生产成本。对各环节的农机服务及病虫害统防统治服务，价格比市场价低10%～20%；对农资统一采购，合作社进行非营利销售。全程托管服务达到2万多亩。除全程托管服务外，对其他带动农户实行关键环节托管服务，主要服务项目包括：①统一供种，保证产品的纯度；②统一病虫害防治，保证小麦的产量；③统一技术培训，保证种植管理的质量；④统一按订单收购产品，生产者的收益得到保障。

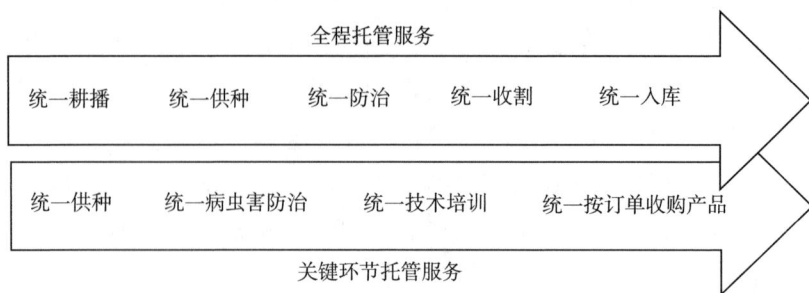

全程托管服务

| 统一耕播 | 统一供种 | 统一防治 | 统一收割 | 统一入库 |

| 统一供种 | 统一病虫害防治 | 统一技术培训 | 统一按订单收购产品 |

关键环节托管服务

新乡五丰农业专业合作社农业社会化服务模式

（三）技术培训服务与技术推广服务

合作社承担着"国家小麦产业技术体系农业节水新技术试验与示范""全国农业技术推广服务中心优质小麦绿色标准化生产示范"等多项示范任务，建立试验示范田200余亩，成立了农业技术培训中心，每年培训人员达1 000余人次。通过示范和培训，农户逐渐掌握了科学种田要领，变粗放种植为精细种植，一大批先进绿色生产技术得到了推广应用，提高了水分、氮肥利用率，减少了化肥、农药的使用量，减少污染物排放，实现了"绿色、高效、优质、高产"的目标。

三、主要做法

（一）与农民共心

每年麦播前，根据市场需求，与农户签订订单合同。种子由合作社提供，农户按照生产规程生产；小麦成熟收获后，合作社以高于国家最低保护价的10%～20%收购入库。为打消农户担心后期价格上涨吃亏的顾虑，合作社采取自愿原则，锁定当日入库价，在收购季节（6—9月）结束前的任何时段，农户确定结算日期，按结算日市场价结算，结算日价低于入库日价，合作社按入库日价结算给农户。此法有效解决了订单农业难履行的问题。每年产品销售完毕，合作社根据当年收益情况对优质小麦订单农户实行二次返利。返还比例由理事会确定。2015年返利最高，曾达到每千克0.2元。这些举措，使农户每年都得到了实实在在的利益，对合作有了更强的向心力和归属感，为合作社下一步发展奠定了良好基础。

（二）与专家结亲

合作社聘请了新麦26育种专家赵宗武研究员为技术顾问，邀请河南省农科院、新乡市农科院科技人员来合作社进行培训，到田间地头进行现场指导。科研人员在合作社建有"新品种展示、高产攻关、节水试验、水肥一体化试验"等多项试验示范田，让群众观摩学习，自觉择优选用，为全面落实绿色增产增效综合配套技术提供平台。

（三）与企业联姻

为保证能将社员及带动农户的优质强筋小麦收上来、卖出去、零风险，合作社成立专门的销售团队，聘请有丰富经验的销售人员担任销售主管，靠人脉、靠经验，但更靠品质、靠诚信。合作社成方联片种植，技术服务到位，做到了量大质优，各项指标均衡稳定，产品很受用粮企业的欢迎。在产品销售工作上，合作社认真把好三关：第一是入库关，入库时严把质量关，将不符合优质强筋小麦标准的一律按普通小麦入库；第二是出库关，发货时，再进行质量检验，保证质量符合客户需求标准；第三是回访关，每批发货完毕，通过回访，认真听取用粮企业反馈意见，进行工作改进。通过这几年的努力，合作社已与金沙河、五得利、银龙等龙头企业建立了稳定的供求关系，成为全国优质小麦产业联盟创始会员单位，实现了产销的良性对接，合作社通过产销直接对接，减少中间环节费用，增加了销售收入。

四、取得的成效

（一）农户增收

农户增收来自两方面：①农户与合作社签订的订单小麦，符合优质强筋小麦标准的每千克可增收0.3元左右，加上二次返利，每亩可增加收入200多元。②合作社的农机综合服务，对全程托管服务各环节都实行价格优惠，与市场价相比，秸秆还田每亩优惠10元、耕耙15元、播种10元、灌溉（二遍）10元、病虫害防治（三次）15元、农资15元、种子5元。在综合服务环节，每亩增收80多元。综合以上，农户种植优质强筋小麦每亩可增收300元以上。

（二）社员增智

通过农业专家的技术培训与现场指导，社员种植优质小麦的技能得到提高。播种多少，何时播种，何时浇水，何时防治病虫害，用肥用水多少，都能够进行科学配量，既节约了种粮成本，又提高了产品质量。合作社工作人员通过不断学习新技术，掌握新技能，不但成了种地行家，不少人还成了农机操作能手，既会驾驶农机，又会操作植保无人机，成为了真正的具有专业技能的新型职业农民。

（三）合作社增强

由于合作社重在保护农户利益，利润留成每年都不高，并且把大部分利润作为投资壮大合作社资产。合作社已经具有了从种到收各环节综合服务的能力，工作已扩展到合作社以外的农业综合社会化服务上来。更为可贵的是：合作社有一支有理想、有技能的种植队伍，为下一步不断提高优质强筋小麦种植水平，准备了现成人才；有一支有经验、讲诚信的销售人员，几年来销售额2亿多元，没有发生一起货款纠纷，管控了风险，保证了合作社健康发展；有一套不忘初心，牢记使命的合作社领导班子，立足粮食种植，牢记中央"中国人的饭碗任何时候都要端在自己的手上"的指示精神，为合作社的发展壮大提供了组织保证。

通过几年来的实践，合作社的体会是：在农业生产综合服务上，无论种植技术服务、农机综合服务、农产品购销服务等，都必须遵循两个原则：第一，便利，群众能切实感受到综合服务的便利。以前，每到收播季节，不少外出打工的青壮年都得回家抢收抢种几天，自从全程托管服务以来，在家老人只需到仓库看秤结算就行了，外出打工者也不用请假了，便利性得到了充分体现。第二，增效，种地本来就利润微薄，农户对每一个环节都会精打细算，合作社在各环节一起与农户算账，使每一环节的增收节支明明白白，有效地激发了小农户的积极性和主动性，对适度规模经营与小农户托管服务的有机结合注入了活力。

专业植保稳生产　代育代插种良稻

——罗山县莲花农机农艺专业合作总社

编者按： 罗山县莲花农机农艺专业合作总社通过"龙头企业＋合作社＋家庭农场＋农户"的服务模式提供农业生产的社会化服务，实现农户在不直接参与生产的情况下，使种植粮食达到标准化生产水平，促进了农业企业品牌建设，扭转了耕地撂荒现象，减少了自耕自种较高的土地投入和管理成本，农民亩均纯收入远超流转收益，并可以全身心从事其他产业，确保了稳定增收。

一、基本情况

罗山县莲花农机农艺专业合作总社于 2010 年 8 月成立，注册资金 1 915 万元，是在原三家专业合作社和一家农资企业的基础上发展而来的。通过"企农结合"等形式，与江西红一种业、江西红一粮业等企业合作进行订单生产。在农业一体化服务中，以统一农作物生产布局、统一农业生产资料购买、统一机械化耕作、统一农作物新品种、新技术推广应用、统一农副产品订单销售、统一农作物病虫害综合防治"六统一"内容服务农业生产。为提升农业社会化服务水平，合作社建设工厂化育秧基地。基地拥有育秧大棚 40 余栋，连栋温室 4 000 平方米，秧苗暗化室 2 500 平方米，先进育秧生产线 3 条，秧盘 40 万张，插秧机 20 台，各种机手 30 人，技术人员 10 人。采用恒温催芽机催芽，进口药剂处理种子，育秧基质为载体，机械化播种机播种的流水线方式进行专业化的壮秧培育，常年可满足 3 万亩水稻的育插秧需求。特别是在再生稻和订单农业的育插秧社会化服务上有独特的优势。为提升植保社会化服务水平，成立专业化植保服务队伍，树立公共植保、绿色植保理念，服务农业生产，保障粮食生产安全，保护农田生态环境。拥有植保专业技术人员 6 人，植保无人机机手 28 人，背负式喷雾器 60 台（套），背负式喷雾喷粉机 30 台套，专业药液运输车 2 辆，植保无人机 20 台（架），田间自走拉杆式喷雾机 1 辆，担架式汽油喷雾机 15 辆。日作业能力 3 500 亩，年服务面积达 3 万亩次，多次参加小麦"一喷三防"、水稻统防统治等专业化服务。建成粮食烘干基地，拥有粮食烘干设备及其辅助设备 36 组（套），单批次烘干能力达到 680 吨，回收订单农业生产粮食超万吨，代烘干水稻达 3 万余吨，代烘干小麦达 5 000 余吨。形成一二三产业融合发展的经营模式，为农业生产的社会化服务提供了有力的保障。

二、社会化服务模式及做法

合作社采用"龙头企业＋合作社＋家庭农场＋农户"的服务模式提供农业生产社会化服务，主要包括以下服务方式。

（一）"订单服务"方式

合作社依托自身及龙头企业的资金、技术、市场、品牌等优势，与农户签订生产合同，农户使用合作社提供或指定品种，按企业的生产规程进行标准化种植、管理，企业提供生产社会化服务，收获后按协议价统一收购。合作社与江西红一粮业、湖南金健米业等粮油公司建立稳定的合作关系，以 1.3 元/斤收购生产的达标水稻。

（二）"四代一包"水稻规模种植服务方式

以合作社为核心、以保底收入为利益联结方式、以技术为支撑，促进再生稻等适度规模化种植。四代一包，即代育：以再生稻等的工厂化育秧、机插秧为主，单项收费约为 130 元/亩（不包括种子费用）；代管：以服务水稻病虫草害防治为主，统防统治，单项收费 50～80 元/亩；代插：以机插为主，单项收费 50 元/亩；代收：承包机械收割、烘干，收费 150～200 元/亩。一包：包每亩基本产量 400 千克，收费标准按双方协商情况一年一定。①以合作社为核心整体打造再生稻等规模化种植生产链。合作社以"四代一包"全程服务的方式贯穿水稻生产全过程，充分发挥专业服务的优势，统一供种、统一服务、统一技术指导、统一病虫防治，优化了资源集约配置，实现了土地增效和农民增收的"双赢"。②以保底收入为利益联结方式。每亩包产量400千克，少了按照合同赔偿，多了归农户。这种以保底收入为合作社和农民的利益联结方式，在零风险的条件下与农民进行合作。③以技术支撑为重点突破发展现代农业的瓶颈。"四代一包"的主要技术支撑是信阳市农科院、罗山县农业农村局等单位，每到水稻生产的关键节点，合作社就会与有关技术单位主动对接，推广应用高产栽培、绿色防控、无公害种植等标准化生产技术。④以农业保险为保障最大限度降低水稻规模化种植风险。合作社农业保险意识强，通过政策性农业保险这一渠道来降低生产经营的风险，特别是"四代一包"模式生产面临自然风险威胁时，政策性农业保险可有效降低水稻规模种植受到的各种自然灾害损失。在此模式下合作社的农业机械及其基础设施建设充分发挥了作用，提升了利用率，提升了农业生产的社会化程度。

（三）"代耕代种"模式

代耕代种是指在不流转土地经营权的条件下，农户将自己的土地委托给合作社、家庭农场等新型农业经营主体，签订服务协议或口头约定，将农业生产中的物资采购、耕、种、防、收等作业环节，委托给农业生产性服务组织完成，明确服务价格、标准、时间、效果等内容，年终收成归农户所有，农户按约定支付代耕代种费用，或直接给付农户约定数量稻谷的一种方式。合作社提出"十统一"服务概念，包括统一施肥、统一品种、统一育秧、统一翻耕、统一机插、统一大田管理、统一病虫草害防治、统一收割、统一烘干、统一销售。合同约定服务费用，保证水稻最低产量，超收部分合作社与农户二八分成。农户可直接将粮食按市场价格加价5%卖给合作社，也可由合作社代收储，随时按市场价卖给合作社。通过社会化服务，农民亩均纯收入远超流转收益，同时可腾出劳力从事其他工作。

三、取得的成效

一是解决了土地撂荒等问题。由于农村外出务工人员多，普遍存在劳动力不足等情况。通过农业社会化服务手段，在保证土地有效利用的情况下，既不耽误农民外出务工，又能保障粮食生产，也扭转了耕地撂荒现象。同时减少了自耕自种时较高的土地投入和管理成本，农民不但得到土地收益，还可以全身心从事其他产业，确保了稳定增收。

二是推进了标准化生产。将相对分散的土地集中起来，由合作社统一管理经营，整合农业生产资源，包括农机资源等。组建了专业技术队伍，实现了机械化生产和标准化生产，转变了传统的生产习惯。通过农业生产的社会化服务，建设并完善了农业生产的标准化生产规程，合作社建设了无公害水稻生产基地2万余亩，并获得无公害水稻认证。建设并参与了水稻覆膜长期定位试验、绿肥翻压水稻清洁生产、稻鱼共养生产有机稻试验、粳稻新品种推广试验、再生稻试验示范、稻鸭共养有机稻生产等。

三是有利于农业企业品牌建设。经过农业生产的社会化服务及标准的建设，合作社获得了"国家示范合作社""国家农产品初加工示范单位""河南省优秀植保专业化服务组织""信阳市知名农业品牌"等各项荣誉称号，为打造农业品牌提供坚实的基础。

创新农机服务机制 助力三农发展建设

——孟津县众金农机服务专业合作社

编者按： 洛阳孟津县众金农机服务专业合作社自成立以来，坚持以服务三农为宗旨，积极参与农村种植业结构调整、主要农作物全程机械化示范、农机扶贫等多项工作。努力探索土地托管、农作物病虫害"统防统治"等新型经营模式，着力于"谁来种地、谁能种地、如何种好地"的大课题。不断创新农机服务机制，增强服务功能，取得了较好的社会效益和经济效益。

孟津县众金农机服务专业合作社位于孟津县横水镇会瀍村，成立于2012年12月12日，占地面积8 000平方米，注册资金130万元。众金农机服务专业合作社在发展农业社会化服务方面主要是统一农资供应、统一耕种、统一管理技术指导、统一收获，统一销售，有效地推进了当地农业生产全程社会化服务。合作社先后被河南省评为"五有"示范合作社、省级农机专业合作社示范社，被农业农村部评为国家级农民合作社示范社。

一、合作社基本情况

合作社成立以来，积极适应现代农业生产的发展需要，坚持以服务三农为宗旨，全力配合并积极参与农村种植结构调整、主要农作物全程机械化示范、农机扶贫等项工作；积极探索土地托管、农作物病虫害统防统治等新型经营模式；着力于解决"谁来种地、谁能种地、如何种好地"问题。以服务农业和农民为导向，组织农户进行专业生产协作，为农民提供各种农机农田作业服务，促进了农业增产，农民增收。合作社入社社员人数有 110 余人，辐射带动服务农户 2 500 余户，拥有农机原值 800 余万元，拥有大中型农业机械及配套农具 150 余台（套），粮食烘干机 2 台、果蔬花椒烘干房 5 座、遥控植保无人机 10 架。车库棚面积 1 200 平方米，办公室面积 200 平方米，培训教室面积 100 平方米，农资库房 420 平方米，教学及农机修理设施齐全，合作社机械能满足当地全程机械化作业需要。

二、主要做法

（一）以生产托管为抓手，不断拓展农业发展模式

为积极探索现代农业发展模式，提高农民收入，合作社先后在横水镇、小浪底镇、常袋镇开展生产托管试验。生产全程托管是最为农户接受的模式。这种模式下，农户将土地交由合作社进行产前、产中、产后全程托管，享有"种什么"的生产决策权和粮食收成的全部收益权。托管服务贯穿春播秋收，直至将粮食送到农户家中。农民自己耕种管收小麦、玉米每年需要投入费用 720 元，交给合作社只需要投入 510 元，所有收益归农户所有。一年两季节省成本 210 元，通过合作社合理地用肥和科学管理等，每亩可以增产 10% 左右。实践证明全托管生产使合作社风险降低，避免自然灾害损失，比流转土地更有效益。半托管模式，农户只需提供种子、化肥，合作社为农户提供大型机械耕种、管收，按市场价 80% 收取服务费用，所有收益归农户所有，解决了农户找车难等问题，使合作社机械使用率大大提高，社员可以增加收入。同时，在进行作业过程中，还可以回收秸秆，卖给养牛场，增加一部分收入，每亩多收益约 100 元。

（二）扩大农机服务范围，促进土地规模化经营

以市场为主导，在结合本地区实际的基础上，通过扩大农机作业服务范围，不断提高农机利用率，减少农户分散购置机具带来的投资浪费，有效解决需求与效率的平衡问题。在农机服务工作中，众金农机服务专业合作社始终坚持"用户至上、信誉第一、诚信为本"的原则，坚持做到"服务第一、微利经营"。农田作业前，认真检修机械，保证机械以完好的状态投入作业；在农机作业时，严把作业质量关，不管是大块田还是小块

地，都能做到不厌其烦，一视同仁，保证质量。对待农村困难户、五保户、军烈属等特殊群体，低偿甚至无偿提供服务。优质的服务，赢得了广大农户的信赖和支持，当地群众都愿意把土地交由合作社耕种、管理。

（三）充分发挥示范带动作用，做好农机新技术新机具推广应用

合作社关注农机新技术及新机具推广，重视知识的更新和技能提高，定期或不定期地组织合作社人员参加各级农机部门举行的农机技术培训。同时大力推广农机新技术、新机具的应用。积极配合县农机部门、农业部门搞好小麦免耕播种、秸秆综合利用、植保无人机"统防统治"等多项新技术的推广和应用，不断更新购置免耕播种机、秸秆还田机、深松整地机、粮食烘干机、植保无人机等大中型、高性能农业机械，从而达到使用大中型新机具进行土地成方连片作业、农业新技术整村推进的良好局面。

（四）坚持可持续发展，大力发展绿色农业

积极推动开展农作物病虫害统防统治和绿色防控工作，以专业化统防统治为抓手，实施小麦、玉米等农作物病虫害专业化统防统治服务，通过参与合作、规范运行、争取资金、扩大作业规模等方式加大农业统防统治，建立健全以高效、持续和系统为特征的病虫害综合防控体系。同时，把开展农作物统防统治和实现农药用量负增长结合起来，提升重大病虫害防治能力，扩大绿色防控技术覆盖范围，为当地农业绿色高质量健康发展提供保障。

三、取得的主要成效

（一）推动了农业规模化生产经营

近年来，孟津县农村外出务工的年轻人越来越多，留守在家的多是老人和孩子，普遍存在缺乏干重体力活的劳力，所以选择土地托管的农民越来越多。土地托管实现了农业规模化种植、机械化生产，较好解决了"谁来种地、怎么种地"的问题。由于全程机械化耕种收割，降低了生产成本，比农户自己耕种减少了约1/3的费用，提升了农民参与土地全程托管

的积极性，对实现农业机械化、规模化经营奠定了坚实的基础。

（二）拓宽了新型经营主体服务三农的发展模式

合作社与横水供销合作社联合，共同成立了土地托管中心，积极探索实践服务农业、服务社员、服务农户的模式和经验，开展以土地托管为核心的农业社会化服务。随着影响力的不断扩大，目前已在横水、小浪底、常袋、城关、送庄等镇成功托管经营土地 5 万多亩。

（三）实现了农作物病虫害统防统治绿色发展

植保无人机在农作物病虫害防治中具有明显优势，一是省时省力，靠人工每天只能防治约 20 亩，而使用植保无人机，每天能达到 800 亩左右，是人工的 30～40 倍，极大地解放了劳动力；二是节约用药用水，平均可节约 50% 的农药，节约 80% 的水，有利于减少农产品农药残留和环境污染；三是施药效果好，雾滴小，喷布均匀，飞机旋翼产生向下的巨大旋力，推动农药雾滴对作物从上到下进行穿透，均匀散落于植株各个部位，提高防治效果；四是不受地形、环境、作物高度等影响，特别是超高作物施药，无人机更能胜任。

农机服务点单忙　跨区作业也在行

——汝州市喜耕田农机专业合作社

编者按： 汝州市喜耕田农机专业合作社通过"公司＋合作社＋农户"的方式开展农业社会化服务，在实践中总结出了多元化服务模式，拓展了更加广阔的市场，制定了标准化的服务方式，不断强化技术培训和提升对市场信息的敏感度，有效地整合了资金、土地、劳动者、技术设备等生产要素，实现了农民和企业的双赢，有力地促进了农业现代化的发展。

一、基本情况

汝州市喜耕田农机专业合作社位于汝州市纸坊镇牛王村，成立于2016年8月，注册于2017年2月，注册资金200万元。该社拥有固定资产500万元，各种农机具100台（套），其中拖拉机16台、小麦收割机9台、大型玉米收获机2台、花生播种机4套、花生收获机3套、花生全自动摘果机1套、自走式直杆喷雾打药机3套、无人植保机13台、喷灌设备3台、烘干机设备1台；占地面积4 260平方米，其中库棚面积1 000平方米、维修车间500平方米、场地2 990平方米；入社社员100余人；托管土地面积达5 000亩。

二、主要做法

（一）开展多元服务

按照"多元化发展、规模化生产、企业化经营、让利于民"的共赢发展理念，经过几年的实践，探索出了促进经济发展的"三种模式"。一是开展多种经营。提供农作物产前、产中、产后全程机械化作业服务，按标准收取作业服务费；提供农作物生产部分环节的机械化服务，收取一定的服务费。合作社在做好农机服务的同时，成立了粮食收购中心、农机维修中心。二是利用优势，跨区经营。积极开拓周边农机作业市场，扩大农机作业服务区域，与内蒙古、新疆等地实施喷防等订单作业，基本保证了合作社跨区作业的稳定性。三是与农户签约，开展全程托管服务，实现集约化经营。即农户把土地交给合作社，由合作社统一供种、统一机械耕作，统一配方施肥，统一植保防虫，统一机械收获，保证农民土地每亩在常年产量基础上增长 10％。

（二）不断拓展市场

2017 年深松土地 18 000 余亩。2018 年，深松土地 13 000 余亩，协助郏县深松土地 10 000 余亩。为了进一步提高农业服务技术，该社于 2018 年 12 月赴内蒙古 MAP 农业发展有限公司学习考察；并与乌拉特前旗大型农场技术人员交流学习现代农业机作标准，双方本着友好、互利共赢的合作精神，签订 2019 年跨区作业项目。2019 年，喜耕田农机赴内蒙古巴彦淖尔参与春耕作业项目。2019 年，高质量、高标准完成 55 000 亩的统防作业任务。

（三）实行标准化服务

合作社制定规范的农机作业服务合同，明确作业时间、收费标准、结算方式、违约责任等，与服务对象先签订作业合同再作业。按服务对象需求实行"菜单式操作"，提供机耕、病虫害防治、机收、烘干等农机作业服务，合作社为全部农机进行编号，粘贴统一的标识，认真做到农机统一、全面实施规范作业、安全作业、科学作业相结合的作业服务模式，使合作社农业机械利用率得到充分提升，机械性能得到充分保障，回报率得到充分提高，让更多的农户从繁杂的农业生产中脱离出来，享受现代农业带来的成果。

（四）狠抓技术培训

开展新型农机手专项培训，对农机驾驶操作人员进行操作规程、维修保养、安全生产、作业质量方面的技能培训，培养既精通农机驾驶、维修技术，又懂农业技术的新型农机手。合作社成立以来，组织机手先后参加各类培训 30 余次，为机手开展机械作业提供了技术保障。此外，不定期参加市农机局举办的农机技术培训班，为广大机手提供了学习交流的机会。

（五）重视信息化服务

合作社购置了电脑设备，建立信息网络，指导社员掌握市场信息，掌握和把控粮食市场变化的规律，实行有计划的种植生产，及时调整种植规模，减少种植的盲目性。合作社成立之后，依靠科技为社员提高收入水平，结构调整效益得到大幅度提高。

三、主要成效

一是实现了农民和企业的双赢。合作社成立以来不断发挥自身作用，组织好农机作业服务，做好信息服务，及时提供先进适用的农机新技术、新机具，促进农业生产与市场的有效衔接，带动周边群众共同致富，2018 年实现盈利 150 万元，成员年均收入达 15 000 元以上。

二是推动了现代农业发展。合作社通过农业机械的统一管理、统一调配、统一使用、统一种植，改变了农户种粮的传统习惯，也改变了种植业的传统经营方式，加快了土地流转，实现了土地经营规模化、生产全程机械化、水利灌溉自动化、生产技术标准化，合作社流转土地1 100 余亩。

三是建立了富有活力的现代农业生产组织形式。合作社采取了"公司＋合作社＋农户"的生产组织形式，通过合作社这个枢纽把分散的农户集中起来，依靠公司这个坚强后盾，有效地解决了分散的农户与大市场衔接的问题，疏通了农产品从土地到市场的渠道，有效地整合了"资金，土地、劳动者、技术设备"等生产要素，促进了农业现代化的发展。

■■ 【链接】我国农机服务现状

目前，我国农作物耕种收综合机械化率达到 70%，小麦、水稻、玉米三大主粮的机械化率超过 80%，基本实现了机械化。农机购置补贴作为一项重要强农惠农政策发挥了重要作用。2004 年以来，中央财政加大了农机化扶持力度，累计投入了 2 300 多亿元，支持 3 500 万户农户购买农机超过 4 500 万台（套）。2020 年，中央财政从农机购置补贴资金里安排专门资金，对报废老旧农机具给予适当补贴，优化农机装备结构，推动农业机械化转型升级和农业绿色发展。

资料来源：新华网。

航空植保新模式 "五事"服务惠万家

——河南省安阳全丰航空植保科技股份有限公司

编者按： 安阳全丰航空植保科技股份有限公司适应现代农业发展趋势，立足植保无人机的研发、生产和推广，牢固树立绿色发展理念，探索创新了航空植保农业社会化服务新模式，智能化服务给农业腾飞插上科技的翅膀，人、机、剂、技、法"五事"服务让千千万万分散经营的农户受益匪浅，走出了一条无人机飞防服务商业化运作的新路子，让小农户享受到了社会化大服务，促进了小农户与现代农业有机衔接，为确保国家粮食安全和农业可持续发展发挥了积极作用，取得了良好的经济效益、社会效益和生态效益。

一、基本情况和背景

安阳全丰航空植保科技股份有限公司是一家集农用无人机研发、生产、销售、飞手培训、推广应用、飞防服务于一体的现代企业，先后荣获国家级高新技术企业、省农业产业化龙头企业等称号。主要生产具有自主知识产权的自由鹰 DP、自由鹰 ZP 等多款农用无人机并开展航空植保社会化服务，获得国家科技部成果鉴定及农用无人机国家专利 50 余项，是国家航空植保科技创新联盟理事长和中国农技推广协会统防统治分会会长单位，建有农业农村部航空植保重点实验室。

鉴于许多病虫害跨区域迁飞和流行特点，病虫害防治一直是小农户经营的重大难题，常常是漏治一点、危害一片。全丰公司发挥自身优势，大力开展航空植保，为全国小农户及农业经营主体提供全方位、标准化的飞防服务，促进了小农户与现代农业的有机衔接。公司拥有植保无人机

6 000 余架，服务耕地面积 5 000 多万亩，2018 年服务销售收入达到 1.04 亿元。中央有关领导同志先后七次视察公司无人机作业现场，并给予高度评价。

二、主要做法

（一）强化云服务支撑，不断推进航空植保服务智能化

以"云享未来"为目标，建立和完善了智能云服务平台，大力推进航空植保服务智能化。针对飞防作业位置、飞行机体和喷施器械状态、土壤养分含量、病虫害发生程度、喷洒农药方案和作业面积等信息，通过远程传输系统，随时调整药液含量和具体操作路径，实现了千里之外在线监测和精准作业调度。目前，平台注册用户已达 10 万个，作业用户（飞手）2 万余个。2018 年"智能云服务平台"被列入河南省制造业"双创"平台。

（二）科学布局服务范围，不断推进航空植保服务网格化

以智能云平台为依托，成立专门从事农业植保服务和全程标准作业的标普农业科技有限公司，瞄准全国农业优势主产区，采取"标普云平台＋县级服务中心＋乡镇村服务站＋终端农户"模式，科学布局航空植保作业半径，逐步形成全国航空植保专业化服务网格。县、乡镇、村服务站以当地农民合作社或农资经销公司为依托，通过网上或线下接单，根据病虫害发生情况、农户（经营主体）防治需要和面积，由公司植保专家制定具体作业方案，使用高功效植保无人机和飞防专用药剂，对作物进行快速防治。乡镇村服务站每亩收取 15～30 元（以小麦为例）费用。目前，公司已经在全国 17 个优势农业省（区）成立了 170 余个县级服务中心、3 000 余家乡镇村服务站。通常情况下，重点县级服务中心投放 200 架植保无人机，重点乡镇服务站投放 20 架植保无人机，辐射作业半径 10 千米，每个站日作业能力近万亩，比传统人工防治效率提高 12.5 倍，可实现收入 10 余万元，为当地政府构建起从容应对爆发式、突发性病虫害的强大防控体系。

（三）积极实施精准作业，不断推进航空植保服务标准化

公司接到服务订单后，作业前派出植保专家实地勘察病虫害发生情况，制定飞防作业计划，明确飞防作业标准与药剂使用标准。调动标普县级服务中心、乡镇村服务站按照标准精准作业。药剂监督部门对照标准严格监督，保证药效。飞机作业中出现问题时，售后保障部负责及时维修，全天 24 小时保证有人值守。2018 年为全国 210 余万农户提供了标准化航空植保社会化服务，其中仅安阳市就达 20 余万户。

（四）认真做好飞防"五事"，不断推进航空植保服务规范化

"人、机、剂、技、法"是全丰航空经过 7 年的不断摸索，总结、提炼出的飞防落地五个核心关键点，很好地解决了"飞防不盈利"的行业难题。人，即公司启动"自由鹰百万飞手培训计划"，培训专业飞手，提高服务农户能力。机，即研发油动、电动等多款植保无人机，满足航空植保多元化服务需要。剂，即研发飞防植保专用药剂，提高防治效果。目前已筛选 5 大类 31 种飞防专用药剂产品，可覆盖绝大多数农作物常见病虫害用药。技，即制定严格的飞防标准，已为 10 余种作物分别制定了标准化作业方案。法，即云服务平台智能化调度。"人＋机＋剂＋技＋法"的完美融合，促使全丰航空植保专业化服务品牌逐步形成。

三、取得的主要成效

经过多年的实践探索，逐步形成以智能云服务平台为载体，以标普农业服务组织为纽带的航空植保新模式，为农户提供线上线下一站式专业化统防统治飞防服务，解决了农村劳动力短缺和小农户无法享受社会化飞防服务难题，提升了农业植保规模化和现代化水平。小麦病虫害航空植保统防统治深受农民欢迎，农民对航空植保统防统治项目满意度达 91.8％以上，对开展航空植保专业化统防统治的期望率达 95％以上。中央电视台、人民日报、农民日报等媒体多次对航空植保进行报道，农业农村部相关部门多次在安阳召开现场会推广航空植保模式。

一是实现了农业植保飞防服务全国大调度。以"远程监控、远程评估、作业许可、设备控制系统远程升级、智能化调度、智能化平台结算"为手段，实现了现代农业植保专业化服务全国布局和全国调度。2018年公司植保无人机全国调度2 510余架次，飞防作业2 100多万亩次，仅用8天时间完成安阳市200余万亩优质小麦统防统治。

二是促进了农业节本增效绿色发展。以"农业现代化、作业标准化、服务普及化"为理念，与中国农业大学等合作，积极完善不同作物不同时期的航空植保精准作业方案，坚持"人＋机＋剂＋技＋法"不动摇，大大节约了植保成本，有效落实了农药化肥"双减计划"，绿色生态效应凸显。经专家跟踪调查，航空植保年均减少化学农药使用量达30％，减少用水量95％以上，防治效果提高22％。2018年，仅飞防作业就可节水24万多吨，节省农药成本6 000余万元，节省人工40多万个，通过解放农村劳动力间接增加农民收入4 800多万元。

三是丰富了农村"双创"的实现形式。2017年以来，公司强力推进"自由鹰百万飞手培训计划"，以农村贫困群体、返乡创业群体为培训对象，累计培训职业飞手20 000余人，为返乡青年开辟了创业通道。针对贫困人群，免费推出"无忧学习"计划，扶持贫困农民创业增收。目前，飞防作业服务已经成为农村新的创业创富模式，旺季每名飞手每天作业收入3 000元以上。

未来，公司将进一步探索"互联网＋物联网"模式，以智能云服务平台实现工业信息化和服务专业化的高度契合，在全国范围内形成反应快速、精准作业、减量施药、安全可追溯的新型服务体系，与当地植保服务组织和农户建立更加紧密利益联结机制，让更多农户从中受益，着力打造全国航空植保专业化服务第一品牌。

■■■【链接】植保无人机在农业领域的发展前景

作为农业高新装备，植保无人机精准施药效果好、节水节药能力强、省时省力效率高，成为田间地头"新宠"，短短几年时间涌现出上千家无人机制造和服务企业，大大缓解了我国农业植保环节长期存在的"打药难"问题。在当前农村劳动力短缺情况下，植保无人机前景广阔。

近年来，我国用于农作物植保的农用飞机发展很快，新机型和新技术广泛应用于水稻、小麦、玉米、甘蔗、果树、棉花等多种作物病虫害防治作业上。中国农机化协会提供的统计数据显示：截至 2019 年 6 月底，我国正在服役的有人驾驶农用飞机约 130 架左右，主要集中分布在黑龙江和新疆地区。而 2012 年以来，植保无人机应用逐年加速发展，产品覆盖单旋翼、多旋翼、油动、电动等多个品种，至 2018 年底，国内植保无人机拥有量已达 3 万多架，全年作业量达 3 亿亩次，预计 2019 年底，拥有量将超过 4 万架，作业面积将超过 4 亿亩次。

"农业生产需求和农民欢迎是植保飞机特别是植保无人机发展迅速的主要原因之一。"中国农机化协会副会长、农用航空分会主任委员杨林说。我国农业植保机械化水平低，施药技术落后，70％以上地区采用人工背负式喷雾机械或机动喷雾机械，特别是南方水稻产区，由于有水的稻田还没有适用的地面植保机械施药作业，只能依靠人工背负手动或半机动施药器械作业，高温天气极易出现作业人员中毒、伤亡事故。植保无人机的推广使用不仅可以有效减少农药中毒、伤亡事故发生，还具有节水省药、不伤农作物、便捷高效、调度转场方便和环境条件适应性广的显著优势。

"国家大力扶持是驱动植保无人机市场发展的强劲动力。"华南农业大学教授兰玉彬说。2014 年中央 1 号文件明确要求"加强农用航空建设"，引发了国内植保无人机产业爆发性增长。2017 年以来，有关部门试点推行植保无人机购置补贴，支持引进植保无人机技术，推进了农作物病虫害专业化统防统治，进一步激发了植保无人机市场需求。

植保无人机改变了我国传统人工喷施农药植保方式，市场前景广阔，潜力巨大。目前我国拥有耕地面积 20 亿亩，年病虫害发生面积 40 亿～50 亿亩次，但植保无人机年作业面积远低于总防治面积，供不应求。

在植保机械总体发展向好形势下，植保无人机成为行业投资热点。我国植保无人机发展始于 21 世纪初，深圳高科新农技术有限公司、珠海羽人农业航空有限公司、全丰航空、极飞科技、北方天途航空技术发展（北京）有限公司等企业成为这个市场早期开拓者。2015 年，在无人机市场声名赫赫的大疆公司发布大疆"MG-1"农业植保机，正式进军植保无人机市场。据不完全统计，目前我国有 400 家植保无人机生产企业同场竞技。

植保无人机安全性和可靠性是消费者最关心的问题，也是企业研发的着力点。近几年，在充分市场竞争中，植保无人机企业针对农业生产环境条件下的技术研发投入相较前几年有了大幅增长，在已经成熟的普遍应用大田作物植保施药全自主规划航线飞行作业基础上，精准定位、避绕障碍、仿地飞行、夜间飞行等自动化、智能化技术逐渐发展和成熟，增强了植保机安全性能，大幅提高了植保无人机的环境适应性。

要理性对待植保无人机智能化问题，做好基础功能。业界普遍认为，智能化是植保无人机未来发展方向。在彭斌看来，植保无人机不是传统意义上的农机，而是一种新型信息工具、智慧农业装备，可以利用农业物联系统辅助生产决策，科学管理农田，实现农作物生产全程可追溯。从当前来看，植保无人机集"遥感＋施药"于一体，实现精准/变量施药，能够快速分析及诊断农田信息，开展农田无人巡查、病虫草害监测、旱情和出苗率评估、产量预测等。但是，植保仍是农用无人机最基础功能，企业在大力推动智能化的同时，要脚踏实地研发生产出能够满足农民除草、杀虫、施肥等植保要求的高品质无人机。

资料来源：经济日报。

点 评

"农业的根本出路在于机械化"这一论断是毛泽东主席在新中国成立之初对我国农业发展的准确预判。马克思也在《资本论》中指出："各种经济时代的区别，不在于生产什么，而在于怎样生产，用什么资料生产"。农业机械化如今已成为农业现代化发展的重要组成部分，我国农业机械化的发展之路是于 2004 年正式开始的，这一年，国家颁布实施了《中华人民共和国农业机械促进法》。这是我国第一部有关农业机械化的法律，同时也是首次将农业社会化服务写入国家法律。同年，财政部、农业部共同启动实施农机购置补贴政策，这一政策的实施为我国农业机械化道路的深化奠定了坚实基础。党的十八大以来，习近平总书记就我国农业机械化问题提出了一系列重要论述，多次强调"大力推进农业机械化、智能化，给农业插上科技的翅膀"。党的十九大提出乡村振兴战略，随后发布的《乡村振兴战略规划（2018—2020 年)》指出，要推进农机装备和农业机械化转型升级，对农业机械化赋予新的时代意义。同时，农机与农艺、机械化与信息化智能化融合发展也是与农业机械化相伴而生的时代需求。

农机服务在粮食等大田作物生产经营中占据重要地位。2019 年，我国人口已突破 14 亿，作为一个粮食消费大国，保障粮食安全意义重大。我国面临粮食消费的刚性需求、农村"空心化、老龄化"的现实状况和土地面源污染、农地数量紧张等现实问题，而同时粮食安全在很大程度上需要依赖农业机械化，因此，"藏粮于机"是实现"藏粮于地，藏粮于技"重大战略的重要途径。农业社会化服务将农机服务嵌入到农业生产所需的各个环节，例如利用深松整地机、松耕播种机等，实现深耕、松耕；利用自动育秧生产线、水稻高速插秧机等实现效率提升；利用植保无人机、背负式喷雾器等实现精准使用化肥和农药；利用粮食烘干机、秸秆还田机等做好粮食和农副产品的回收。

近年来，我国农业机械化成果显著。2019 年农业农村部公布的数据显示，我国农作物耕种收综合机械化率为 69%，农机户 4 080 万个，服务组织 19 万个，我国农机社会化服务的能力和效率在实践中显现。首先，农机作业社会化服务是在我国人多地少的基本国情下应运而生的,这为农机作业社会化服务创造了成长土壤。其次,我国的农机作业社会化服务是应对城镇化背景下出现的诸多问题的重要举措。随着农村"空心化、老龄化"趋势的进一步加强,"谁来种地"和"如何种地"这两个难题可通过农机作业社会化服务得以解决。农村空心化造成土地摞荒现象,不仅会对土地本身造成影响,还会影响我国的粮食安全。农村老龄化反映的是农村留守老人不具备从事重体力劳动的能力,影响土地的耕种效率,同时也造成现代农业技术推广难题。

河南省坐落于中部平原,且以种植粮食作物为主,具备开展农机社会化服务的优势条件。"十三五"以来,河南省农机化发展取得了显著成效。2019年,河南省主要农作物耕种收综合机械化水平达到84.2%,较2015年提高了7个百分点。截至2019年年底,河南省农机总动力达到10 357万千瓦,居全国第二位;拥有拖拉机351万台、配套农具725万部、稻麦联合收割机20.9万台、精量播种机83.7万台,均居全国第一位;河南省农机合作社数量达到7 094个,居全国第三位,农机社会化服务向"全程全面、高质高效"发展。在各地粮食等大田作物生产实践中,服务主体结合自身条件开展一系列社会化服务,在服务方式、服务内容等方面各有不同,能够从不同方面给予我们启示。开封市顺河区刘寨水稻专业合作社、新乡五丰农业专业合作社以农产品为导向开展农业社会化服务;罗山县莲花农机农艺专业合作总社、孟津县众金农机服务专业合作社、汝州市喜耕田农机专业合作社和河南省安阳全丰航空植保科技股份有限公司则是以农机服务为导向提供农业社会化服务。

开封市顺河区刘寨水稻专业合作社以刘寨无公害稻谷为主导产品,为社员提供符合无公害生产要求的农机服务。主要体现在三个方面:其一,推行无人机植保服务。近年来,植保无人机作为发展现代农业的新装备,其施药效果好,兼具节水节药功能,可以避免农户在植保作业时发生中毒危险,缓解在当前农村劳动力短缺情况下的"打药难"问题。其二,拥有水稻自动育秧生产线、水稻高速插秧机。育秧是水稻生产的关键环节,与从前传统的人工育秧相比,机械化育秧发芽率高,秧苗品质更好。插秧也是水稻生产的重要环节。一般来说,一台水稻高速插秧机一天大约能完成

50 亩，如果采用人工插秧，需要大约 60 人才能完成，如果恰逢"双抢"季节，时间紧任务重，此时，使用机械化种植就显得更为必要。其三，推广农业技术服务。合作社理事长凭借其在一线工作积累的丰富经验，通过飞防、农民会、村内传统集市等途径为农民讲解病虫害防治技术，取得了上千户群众受益的良好效果。然而，一项新技术的产生，往往需要通过广泛传播应用后，其价值才得以体现，农业技术也是如此。农业技术的推广必须经过试验、示范其先进性和适应性，才能得到广泛的认可，才更易于被农民接受。因此，合作社可设立示范基地、试验田、邀请高校或科研院所的专家开展农技推广工作，丰富农技推广的内容和形式。

新乡五丰农业专业合作社围绕优质强筋小麦的种植开展农机服务，真正做到为农户谋方便、谋效益。具体做法主要体现在三个方面：其一，积极推广优质强筋小麦的种植。真正实现精准管理，克服混种问题还需要政府和规模化种粮主体的稳步推进。案例中，合作社通过"示范让农民看"和"优惠让农民拿"两步走战略，推广优质强筋小麦。其二，合作社提供全程托管和关键环节托管。值得注意的是，该合作社在提供的服务价格上都做了最大程度的让利，农机服务价格比市场价低 10%～20%，农资经过统一采购，然后进行非盈利销售，充分体现合作社在提供社会化服务的各个环节都在替农户着想，为农户省钱。在农产品销售环节，合作社又以高于国家最低保护价 10%～20% 的价格收购入库，并根据当年收益情况对订单农户实行二次返利。其三，合作社提供技术培训和技术推广服务。案例中，合作社凭借多项示范任务，成立农技培训中心，实现培训千余人次的效果，同时也推动了一大批绿色生产技术的应用。总结其经验，合作社在提供农业社会化服务的过程中，牢牢把握"与农民共心"的初衷，力求为农民争取最大的利益，这一做法使农民与合作社建立了更加牢固的合作关系，降低了不确定性，为合作社对外开展各项合作奠定了基础。

在合作社提供农业社会化服务的过程中，随着经营规模的扩大，农业生产中的各个环节所需的服务规模也在不断扩大，例如机械服务、植保服务、农资服务等。当经营范围达到一定规模，农业生产各个环节的服务就有了单独分工的可能，为更好地满足生产需要，各类专业合作社随即产生，例如农资服务合作社、农机服务合作社、植保喷防服务合作社等。案例中，罗山县莲花农机农艺专业合作总社、孟津县众金农机服务专业合作社和汝州市喜耕田农机专业合作社都是以提供农机服务为主开展农业社会化服务的，但在具体的服务内容和服务方式上有较大区别。

从服务内容来讲，罗山县莲花农机农艺专业合作总社覆盖的业务最为全面。该合作社最初是在三家专业合作社和一家农资企业的基础上发展而来的，不管是资金、市场经验还是技术方面，都为合作社开展农业一体化服务提供了保障。合作社开展服务的具体做法主要体现在三个方面：其一，采用"订单服务"方式，企业与农户签订合同，农户使用合作社提供或指定的品种，按照企业的标准化生产规程进行标准化种植、管理，企业提供生产社会化服务。"订单服务"其实是依托于"订单农业"开展的，在农业生产中，"种什么"和"怎么销"的农业生产"一前一后"的问题十分关键，传统农业一般是先生产后销售，而农民一旦对市场的判断出现偏差，农产品就会面临销售难题，订单农业的出现巧妙地解决了这两个问题。农户在合作社的组织下，与企业签订合同，按照企业需求开展生产，企业为了确保农户生产出的农产品符合其需要，往往会为其制定详细的生产规范，提供必要的社会化服务。其二，"四代一包"水稻规模种植服务方式。这种生产方式主要以合作社为核心开展农业社会化服务，充分考虑农户在生产中可能遇到的各种问题，以专业服务作为增产增收的支撑，以农业保险作为防范自然风险的手段，使农户在零风险条件下接受合作社服务。其三，"代耕代种"模式，以新型农业主体开展服务为主，双方约定服务内容和费用，年终收成归农户所有。这一服务模式较"四代一包"水稻规模种植的社会化服务程度低，利益联结度低。

从农机服务的专业度来讲，孟津县众金农机服务专业合作社更具有典型性。该合作社并不限定农户生产的品种，且农户拥有粮食收成的全部收益权。农户将土地交给合作社，选择全程托管或半托管的服务方式，付给合作社相应的服务费用，由合作社提供大型机械耕种、管收等服务，提高了合作社农业机械的使用效率，减少了农户在农忙时节"找车难"的问题。"用户至上、信誉第一、诚信为本"是该合作社坚持的原则，虽然合作社的服务内容有限，但在农机服务上做到了精益求精。不论是在农田作业前还是农田作业时，合作社对农机手严格要求，严把质量关。不论地块大小，都平等对待农户土地。众所周知，"人误地一时，地误人一年"，一旦农业生产过程中出现偷工减料，很可能造成颗粒无收的情况。农业的自然属性所决定的农机手在作业过程中的工作成效很难得到及时评价和监督，此时，农机合作社通过建立完整的规章制度和严格的内部管理，为农机手提供一套完整的、行之有效的工作流程，树立服务意识，才能够真正保证农机服务的质量。

从服务范围来讲，汝州市喜耕田农机专业合作社通过跨区作业扩大了农机作业服务范围。目前，我国的农机服务市场普遍存在发展不平衡问题，具体体现在诸多方面：在地理区域上，北方地区优于南方地区，平原地区优于丘陵地区；从空间范围看，维度不同的区域对农机使用的需求时间不同；从作物种类看，以服务大田作物为主，且多停留于机耕机收等初级服务阶段；从时间上看，由于农作物生产的季节性特征，农机服务组织每年只有非常有限的时间进入农业社会化服务市场。鉴于农机服务的不平衡性，农机跨区作业顺应市场需求而产生。农机跨区作业是农机户在现代农业生产中摸索出的一种具有中国特色的商业模式，也是区域间技术外溢和农业内部分工的产物，它的出现推动了小农户在耕地细碎化约束下实现机械化生产。以喜耕田农机专业合作社为例，合作社在满足本地农机服务的基础上，不断拓展市场，在内蒙古、新疆等地实施农机订单作业，基本保证了跨区作业的稳定性。同时，合作社为确保服务质量，实行标准化服务，开展新型农机手专项培训工作，重视信息化服务。农机跨区服务不仅保证了当地农业生产的顺利进行，将农户从繁杂的农业生产中脱离出来，享受现代农业带来的成果，还使参与农机跨区作业的社员也在参与服务的同时接受技能培训，提高收入水平和就业职业技能。

河南省安阳全丰航空植保科技股份有限公司以农业生产中的植保环节为主，提供农业社会化服务。安阳全丰作为农用无人机行业的翘楚，获得过多项荣誉，是航空植保领域的领头羊。总结该案例，有以下三个方面经验值得学习。一是云平台支撑。2019年，该公司的植保无人机产业资源协同云平台被确定为河南省工业互联网平台（行业）培育对象，是同年公布的十个平台中唯一一个服务农业为主的云平台。依靠平台的支撑，航空植保服务智能化程度不断提高，可及时传递飞防作业位置、飞机体和喷施器状态、土壤养分含量、病虫害发生程度等信息，通过远程传输系统，可以随时调整作业。强大的平台吸引了更多的注册用户，用户的操作数据和反馈信息为平台的完善提供了更多可能。二是多层次布局。公司采取"标普云平台＋县级服务中心＋乡镇村服务站＋终端农户"的模式，科学布局航空植保作业半径，逐步形成全国航空植保专业化服务网络。覆盖全国的航空植保服务网络的形成离不开各级服务站、合作社、农资经销公司的紧密协作，生产一线农户对防治的需要和病虫害发生情况通过基层网点汇集到云平台，公司才能及时地开展作业，从容应对病虫害的发生。三是标准化服务。农业生产有标准化要求，相应地就有社会化服务的标准化。安阳全丰航空植保服务的标准化体现在两方面：其一，是植保服务流程的标准化，公司从接到服务订单到派出专家实地勘察病虫害发生情况、再到制定飞防计划等，形成了一系列详细的流程；其二，是植保服务的规范化，安阳全丰对飞防落地五个核心关键点"人＋机＋剂＋技＋法"的不懈钻研，是其树立品牌形象的关键。目前，安阳全丰已能满足航空植保多元化的服务需求，筛选出 5 大类 31 种飞防专用药剂产品，为 10 余种作物分别制定标准化作业方案。

科学种植强保障 蔬菜瓜果长势佳

全方位科技服务 成就尖椒产业

——内黄县苏红尖椒专业合作社

编者按：20 多年来，苏红尖椒专业合作社扎根红色沙区、革命老区，致力于发展尖椒生产，不断创新服务方式，构建全方位服务平台，通过技术种植、生产托管、科学管理等一系列探索，见证了内黄县六村尖椒产业的成长。

一、基本情况和背景

内黄县苏红尖椒专业合作社成立于 1995 年，位于豫北革命老区的摇篮、红色沙区的核心地带——安阳市内黄县六村乡，拥有 550 亩高标准无公害生态种植基地一个，高效育种育苗基地一个，1 500 吨大型冷库一座，配备有大型烘干机（25 吨/日）、一体式切段机、智能色选机及输送机。在苏红尖椒专业合作社的带领下，六村尖椒市场平均年销售量 4 万吨以上，年产值达 1.5 亿元，形成了豫北规模最大的尖椒购销基地。

二、主要做法

（一）创新耕作方法，增加科技投入，为农业发展插上科技翅膀，开创小麦—尖椒套种无人机飞防模式

合作社与安阳全丰植保飞防公司合作，探索小麦—尖椒套种飞防模式，合作社耕地集中成片，地势开阔，适合进行无人机飞防，利用小型遥控无人机，进行农药的低空喷施，实现对农作物病虫害的防治。传统农药每亩需要喷施药液 30～40 千克，而植保无人机飞防作业每亩喷施专用农药 1 千克左右即可达到防治效果，节省水资源，减少农药使用量。植保无人机飞防作业相对于传统的人工作业，效率高，一般是人工的 10～15 倍，解放了劳动力；飞防由于使用的是专用的药剂，在雾滴的沉降速度、附着性、抗挥发性、作物叶面吸收效率等方面都比传统农药高很多，通过"一喷三防"，有效地减少了麦椒套种的病虫害，实现了尖椒种植产量与质量的双提升。

（二）重视农资服务，不断甄选科技含量高、技术转化率强的农资科技公司，通过农资的提升来促进农产品种植水平的提升

合作社经过种植基地的实验，以及与各地农科院合作，培育优质尖椒品种。合作社与安阳市农科院合作培育的"新一代"尖椒在内黄县得到了广泛种植，并辐射周边三地市十余县。合作社通过与多家生物科技公司合作实验推广氨基酸叶面施肥、辣椒套餐等肥料。氨基酸作为构成蛋白质的最小分子存在于肥料中，更易于被作物吸收，特别适合尖椒的种植，可以提高坐果率，果实重量，增产可达到 30%～40%，相对于传统喷药，叶面施肥更省工省时，一人即可喷施，只要按正确比例兑水，叶片正反面喷施，喷施十分钟遇雨无需重喷，可以避免和减少二次补喷的人工成本和肥料成本。

（三）革新灌溉技术，推广滴水灌溉，提高水的利用效益

2019 年，合作社经过多方协调，与安阳市农科院合作在尖椒种植基

地推广实验滴水灌溉技术，滴水灌溉可以提高作物产量和水的利用率，减小盐碱对作物的损害，提高肥效，有利于实现自动化控制，能够最大限度保持水肥不流失。滴水灌溉的实施，更加完善了苏红尖椒合作社的耕作制度，提升了社员种植尖椒的积极性。

（四）提升农民科学种田能力，提升耕作水平，创建农村科技服务终端

合作社立足农村工作实际，每年组织省市农科院专家到田间地头直接授课4～5次，受益农户超过1 000户；每年聘请省、市农业科学院专家在果蔬城、合作社举办技术培训班2～3次，先后举办40余次，培训人员达4 080人次。在尖椒选种、育苗、插秧、田间管理等全程跟踪服务，通过科技培训，提升了社员的耕作能力。

三、取得的成效

合作社成立20多年来，已经建成涵盖育种、种植、销售、加工、冷藏、电子商务等全方位的服务平台，实现了从农村的田间地头走向全世界的餐厅餐桌。

（一）实现了农民和合作社的双赢

通过合作社管理，社员无偿获得省市农科院、科技公司的技术支持，合作社直接以成本价进行农资采购，进行订单销售，在辣椒上市前就已出售。

（二）实现了农业生产可持续发展

通过无人机飞防的应用、氨基酸叶面施肥及辣椒套餐的使用、滴水灌溉技术的推广等技术的实践，实现了农业生产的生态环保。2015年，合作社尖椒种植基地被认定为"河南省无公害产品产地"，2016年，合作社种植的尖椒被农业部农产品质量安全中心授予"无公害农产品证书"。2018年实现了尖椒原产地二维码溯源，通过扫描二维码，可以全程获得尖椒从种植到收获的种植档案，确保农产品的安全。

（三）实现了农业种植产业的双向延伸，增加了就业岗位

合作社为了保障尖椒的纯度，由种植向上延伸：与安阳市农科院合作培育优良品种；为了减低社员种植风险，产业向下延伸：自建 1 500 吨冷库，有效延长了尖椒的产业链条，提高了尖椒种植的抗风险能力，引进尖椒烘干、色选、切段设备，将内黄尖椒的上市时间提前了一个月。这些探索在一定程度上解放了劳动力，增加了就业机会，保障了农民增收，提升了农产品的效益和竞争力，实现了尖椒种植产业的健康发展。

科学种植　破解特色经济作物用药难题

——三门峡瑞粮农业社会化服务有限公司

编者按： 三门峡瑞粮农业社会化服务有限公司采取"综合平台＋团队服务＋激励"机制，以高端品牌的农资农药经营和农业种植托管模式为突破口，在发展农业社会化服务中，不断探索创新多种有效的服务模式，进一步拓展农业生产中的产前—产中—产后系统服务，为推进现代农业发展进行了积极的探索。

一、基本情况

三门峡瑞粮农业社会化服务有限公司，采取综合平台＋团队服务＋激励机制，以高端品牌的农资农药经营和农业种植托管模式为突破口，为三门峡地区的农业生产提供现代化的系统性服务。公司现有员工 53 人，其中高级农艺师、农技师等 6 人，大学以上学历 12 人，农机操作手 21 人。公司占地 26 亩，其中仓储面积 6 800 多平方米，服务场所 6 000 多平方米，建立了产品展示厅、小型会议室、多媒体农民技术培训中心等硬件设施。代理经营全国肥企新洋丰、嘉施利、桂湖、撒可富、六国、澳特尔、三宁等知名品牌以及龙灯、科迪华、兴农等农药大品牌。购置农用机械包含施肥机在内共有 80 多台套，年服务能力达到了 20 多万亩，是三门峡地区现代农业服务规模最大的企业。

二、主要做法

（一）搭建多功能综合服务平台

强化信息要素服务，借助信息化手段，打造为农户服务的平台。平台将农业系统的农技服务、农机作业资源信息、果蔬栽培、土壤肥料、植物病虫害防治、农产品销售、农产品质量安全追溯信息进行梳理并加以分类整合，由公司组织的区域服务团队、经销商网点统一对外提供政策宣传、技术指导、信息服务，对农民遇到的实际问题进行收集归类；农民随时拨打区域服务中心或者公司建立的服务热线即可获得便捷、全面、及时、就近、权威的各项服务，有效解决分散小农户的社会化服务缺位问题。另外，公司组织农业专家不定期举办技术讲座，以及培训技术人员、接待来访农民，并根据农民需求进行判别、分类转接到各服务团队，其服务内容达几十项，实现便捷涉农服务"一条龙"。

（二）构建专业化服务团队

公司紧紧把握现代农业大市场的脉搏，分别设立肥料技术服务队和农药植保服务队，在市场一线销售人员的配合下，深入到田间地头，走进千家万户传播现代科学种田知识，面对面问询农户在种植中遇到的问题，手把手教会农户解决问题的方法和预防措施。例如：

（1）渑池县为两椒一药（花椒、辣椒、药材）的种植结构，其中，花椒这两年收购价格上扬，椒农收入可观。然而当地花椒根系极易腐烂，影响收成，公司派出肥料技术人员深入田间地头，帮助农户化验土壤成分，对比酸碱度，对腐烂根系进行不断分析，找出原因并指导农户改善施肥方法。通过增施有机肥、菌肥调整土壤结构，经过两年的科学施肥调整，大多根腐病得到了有效的缓解，发出新根吸取营养。另外，每年花椒的蚜虫防治也是令椒农最头疼的大事，公司植保技术人员积极探索，针对多个厂家的产品经过多次试验对比，挑选出最适合的产品组合，先由公司技术人员亲自对部分示范田进行药物的调配和喷洒，通过召开农民会、现场效果观摩会，宣讲重在防而不是治的理念，得到了明显的效果，大大提高了花椒的产量和品质，增加了椒农的收入。

（2）针对果树区，积极引导果农从过去的单一追求数量型生产向质量型生产的转变，指导农民调整传统的施肥观念。针对不同地块，不同的土质状况，每年免费给果农提供上百次的土壤检测化验，结合土壤化验数据，通过建立示范田、组织农民会、召开现场观摩会等方式大力普及科学施肥、精确施肥、配方施肥技术。果树每年需要喷洒七八次的农药，稍有配比差池，将导致严重的后果。公司农药技术人员根据果树每次用药的时间点、各种剂型和剂量提前配成套餐，标注清楚兑水比例和喷洒时间点，清晰明了，保证了果农使用起来简单易行，从而有效改善果子品质，改变以往果农出现增产不增收的现象。

（3）为打造一支过得硬的服务团队，从农业系统以及高等院校科研单位聘请专家教授，对农民进行技术培训、技术咨询，开展田间地头的现场讲解，现场指导高效种植、病虫害防治新技术，辨别处理种植过程中出现的问题。据统计，公司累计下乡田间为农户指导培训 1 000 多人次，组织专家论坛讲座 11 场次，参加听讲的各类人员 2 900 多人，印发技术宣传资料 7 000 余份。实实在在为农户解决他们遇到的问题，为全方位的托管服务打下坚实的基础。

（4）秋施底肥是果树整个生长过程中需要投入劳动力较大的一个环节，需要投入繁重的劳力进行挖坑、施肥、填土，工作效率非常低。有很多家庭由于没有劳动力就选择了直接将肥料撒施在土壤表面，导致肥料利用率降低。另外，树根的生长习性是朝着有肥料养分的方向生长，长此以往，造成了树根在土壤表层，耐旱性差，树体不壮。为此，公司组织了机械化施肥服务队，购进自动施肥机 30 余台，配备了经过专业培训的农机操作手，分配到各个乡镇村庄，为果农免费施肥作业。加上公司科学精准的施肥套餐，让果农达到既省工、省力，又能有效提高肥料利用率，达到节肥增效之目的。

（三）拓宽创新农业社会化服务模式

公司紧跟当前农业飞速发展的新形势，不断调整思路，把握大方向，找准立足点。从服务主题多元化，服务方式多样化，服务手段现代化，服务格局一体化入手，健康发展。

（1）公司先后建立了以技术服务、农机作业、市场开发营销为主的专业服务团队，制定出农业社会化服务项目、运作流程、技术标准等；召开果区经销商会议，使他们熟悉服务流程，并尽快参与进来。经销商接到农户订单上报公司，而后根据区域进行派单作业。

（2）公司对各类技术员、农机操作员进行技能操作培训，出题考试，考试合格者发放技能证书，上岗时统一着装、机械统一喷注标识，使其符合行业要求、符合国家技能标准。

（3）由公司的销售网点收集农户信息，公司组织农机统一编组、统一管理、统一调度，不断整合农业机械资源，满足施肥生产的全程机械化要求。

（4）以高等院校为技术依托，打造创新科技服务平台。公司先后与中国农业大学、西北农林科技大学、华北水利水电大学、中国农科院植保所等建立合作关系，形成农业科技综合服务支撑团队，指导农户的科学种植、测土施肥、绿色防控、植物生态营养水肥一体化智能灌溉的综合应用等。

（5）在施肥和农药方面的服务上，采取"品牌战略＋集成科技＋订单服务"模式，开展农资打假，打击坑农害农的游击队，使农户安心放心地使用公司的肥药，放心地把生产施肥等交给公司托管。与此同时，公司建设3个农业科技试验示范基地，使用新技术、新品种、新耕作，公司的集成科技服务使农作物肥药科学匹配，降低农资成本，提高使用效率，真正达到增产提质增效，进一步取得了农户信任。

果蔬防虫有新招　专家来把技术教

——潢川县金塔红种植养殖专业合作社

编者按： 潢川县金塔红种植养殖专业合作社基于种植果蔬的实际需要，打造瓜果蔬菜无公害和绿色食品生产基地。在此基础上，通过完善农业标准体系，推行良好农业操作规范，建立起了覆盖农产品生产全过程的质量安全控制机制，大幅度提高了农产品质量，增强了品牌在国际国内市场的竞争力，促进了品牌价值提升和农民增收。

潢川县金塔红种植养殖专业合作社，位于河南省潢川县付店镇骆店村。合作社于 2012 年 1 月正式成立，注册资金 600 万元，主要从事蔬菜、林果育苗、种植、销售、储存；农作物种植销售；水产养殖销售；畜牧养殖销售。目前合作社社员已发展到 150 多人，流转土地 2 000 亩，拥有各类农机设备 60 余台套，托管土地 15 000 余亩，开展机插秧、统防统治服务面积近 10 万亩，成为当地开展农业社会化服务的典型代表，促进了小农户与现代农业的有效衔接。2016 年被评为国家级示范合作社，2018 年又被农业农村部等部委评为"全国粮安之星"。

一、开展生产托管，促进农户增收

生产托管是农村新的种植经营模式，多年来农村青壮年劳动力常年外出务工，责任田无暇顾及，外出农民渴望"离乡不丢地，不种有收益"，土地托管就是解决外出务工与家庭土地承包经营矛盾而出现的。合作社抢抓机遇，根据自身农机装备多、作业效率高、熟练技术工人多的优势，从 2012 年开始在依法自愿、有偿的前提下积极开展生产托管业务，在不改变土地承包经营权的前提下，开展生产全程托管，订单作业服务，全程机械化生产管理，至 2018 年底合作社共托管土地有 15 000 亩。一是签订订单托管合同，定品种、定面积、定产量，农户出地、出服务费，合作社全程服务管理，种植收益归农户。二是合作社采取统一购置种子、肥料、植保药品，统一耕作种植管理，统一收割，统一销售，农户获得收益。三是合作社充分发挥现代农机装备高效作业的效能，挖掘合作社熟练工人的潜能，各尽其能，发挥特长，互助合作，完成作业服务面积，发挥机械和人员的最大效益。

生产托管降低了生产成本，增加了收入。一是收取服务费用。通过以机械化作业为主要载体，拓宽在植保等方面的服务领域，收取农户的服务费用。合作社托管土地 15 000 亩，每亩收益 110 元，年收益 165 万元。二是获取超额产量。合作社签订订单作业合同确定保底产量，超产部分80% 归合作社所有，年超产部分收益 75 万元。三是统一大量以出厂价订购农资，降低生产成本，年节约成本支出 70 万元。合作社 2018 年利润达280 万元。同时，农户外出务工能挣钱，田地收益有保障，全程土地托管是合作社和农户实现双赢的经营方式。2019 年金塔红合作社又与四川五粮液酒厂签订了 30 000 亩的酿酒大米的生产订单，仅此一项就可为农民增加收入 450 万元。

二、开展统防统治，为农民解决后顾之忧

农作物种植离不开病虫害防治，合作社大面积承包土地更离不开病虫害统防统治。合作社成立之初，从单一的背负式手动喷雾器 60 余台作业开始，逐步新增了背负式机动喷雾器 40 台，四轮行走高压喷雾器 10 台，形成多种机械喷雾器，每年作业面积和服务周边农户面积 3 000～5 000 亩次。但是，农作物的病虫害防控季节性强，各种病虫害突发性多，仅靠人工背负式喷雾防控，需要人工多、作业强度大、效率低、成本高，导致病虫害防控不及时。

2017 年，合作社根据农作物病虫害防治的短板，依靠科技，创新发展，在省、市、县农业部门的具体指导下，公司投资 200 余万元，依托金

塔红合作社,成立了金塔红统防统治应急机防大队,组成 20 名专业人员,新购多种植保机具和航空器,其中大型风送式喷雾器一台,自走式 500 升喷杆喷雾机两台,自走式 600 升喷杆喷雾机两台,植保无人机 5 台。自 2017 年机防大队成立以来,及时快捷地完成了合作社农作物防控面积 53 000 余亩次,并为周边四个乡镇农户服务作业面积 10 万余亩次,为周边的特困农户 40 户免费服务作业面积 1 500 亩次,达到了及时、快捷、高效、省时、省力的目的,提高了工作效率,增加了合作社的经营收入。

在做好统防统治的同时,合作社积极打造瓜果蔬菜无公害和绿色食品基地,实施 1 200 亩果蔬绿色防控,购置使用太阳能杀虫灯 6 台,诱虫黄板 10 000 余张,性诱剂诱捕器 1 000 余台,果蔬绿色防控收到显著的效果。

三、开展技术培训,提升农户科技素质

合作社高度重视科技在生产过程中的作用,设立了科技辅导员制度,明确职责和任务,年初制定全年工作计划和有关规划、方案,年底有总结,科普小组在科普活动中形成的材料及时整理归档。合作社以科技推广助推生产发展,组织社员到示范基地参观学习,全面推广示范基地的成功经验,使物理防治病虫、测土配方施肥、生物秸秆反应堆肥技术得到普及利用,受益人数 600 余人,涌现出科技带头人 20 多人。邀请省农科院权威专家举办了 14 期新技术新产品推广培训班,聘请寿光市病虫害防治专家举办了为期三天的农民技术培训班,使社员能够熟练掌握蔬菜栽培管理先进技术。聘请信阳农林学院的专家教授作为技术顾问,对合作社生产开展技术指导。同时合作社充分利用倒逼机制,紧盯国际国内高端市场需求,通过完善农业标准体系,推行良好农业操作规范,建立起了覆盖农产品生产全过程的质量安全控制机制,大幅度提高了农产品质量,增强了在国际国内市场上的竞争力。合作社已成功注册"骆店"牌蔬菜商标,并被市农业农村局评为"信阳市知名农业品牌"。2018 年合作社被河南省农业厅批准为"河南省农业标准化生产基地"。农民科技素质的提升,农业知名品牌的获得,有力地促进农产品价格的提升和农民收入的增加。

四、助力扶贫攻坚，为乡村振兴打下坚实基础

脱贫攻坚是乡村振兴的基础，为此合作社开展"合作社＋产业＋贫困户"的精准扶贫活动，合作社根据所包 98 户贫困户的实际情况，采取"一村一品""一户一策"的思路，开展产业帮扶。一是对于没有创业能力的贫困户，招收其进入合作社打工，每年收入不低于 1 万元；二是对有创业能力的贫困户，进行蔬菜大棚租赁，帮助贫困户种植反季节蔬菜；三是对有养殖经验的贫困户，购买种牛、种羊让其养殖。同时开展"五统一"活动对贫困农户实施帮扶：统一供种供苗，统一提供农机具，统一供应肥料、农药等农资，统一提供技术服务，统一包装、统一销售。资金由合作社垫付，待蔬菜销售后统一结算。减轻了贫困户的种植风险。社员每亩菜园可节省种苗费 150 元、薄膜费 100 元。合作社成立以来已低价优惠供应种苗 200 万株，薄膜、肥料、农药 1 000 余吨，为社员减少开支 300 万元。正如河南省农科院 4 位专家来考察该社时所说的那样，"合作社＋贫困户"的扶贫模式找到了产业扶贫的"药引子"。由于脱贫攻坚成效显著，2018 年合作社被信阳市总工会、信阳市扶贫办命名为"劳模助力脱贫攻坚示范基地"。

■■【链接】农业农村部：加快构建绿色种植制度

农业农村部 2021 年 1 月 18 日透露，截至 2020 年底，我国化肥农药减量增效已顺利实现预期目标，化肥农药使用量显著减少，化肥农药利用率明显提升。未来将加大政策扶持，持续推进化肥农药减量化，加快构建绿色种植制度。

据介绍，自 2015 年以来，农业农村部组织开展化肥农药使用量零增长行动，经测算，2020 年我国水稻、小麦、玉米三大粮食作物化肥利用率 40.2%，比 2015 年提高 5 个百分点；农药利用率 40.6%，比 2015 年提高 4 个百分点。

目前全国专业化统防统治服务组织达到 9.3 万个，专业化服务减少个人施肥打药跑冒滴漏，提高了施肥用药效率。

每年在 300 个县开展化肥减量增效示范，在 233 个重点县开展有机肥替代化肥试点，在 600 个县建设统防统治与绿色防控融合示范基地，集成推广节肥节药技术模式，带动化肥农药减量增效。

据了解，农业农村部每年培训种植大户、植保专业服务组织的技术骨干和农民带头人 300 多万人，并组织专家分区域、分作物制定化肥农药减量技术方案，制定科学施肥技术指导意见，发布水稻、小麦、玉米、油菜氮肥施用定额，指导农民和新型经营主体掌握化肥农药减量的关键技术，避免过量、盲目施肥用药。

农业农村部表示，未来将加强顶层设计，把化肥农药减量化作为促进农业绿色发展、持续改善环境质量的重要内容，组织制定实施方案，明确目标任务、重点区域、技术路径和主要措施。

同时，加大政策扶持力度，组织开展绿色投入品研发创新，推广应用新型肥料和高效低风险农药，优化施肥用药模式，集成推广绿色防控模式，构建绿色种植制度。计划到 2025 年，化肥农药利用率再提高 3 个百分点，推动农业生产方式全面绿色转型。

资料来源：新华网。

科技兴农为己任　生产托管架金桥

——西华县逍遥果蔬专业合作社

编者按： 西华县逍遥果蔬专业合作社采用"合作社＋基地＋农户"的经营模式，大力发展水果玉米等特色产业，依托国家农业培训项目，组织技术骨干深入农村、农户、田间地头开展技术咨询、市场信息等实用技术科普宣传活动，推动农民对新技术的采用，促进了农业生产生态化的普及，实现对农产品从源头到生产加工、流通等整个产业链的安全把关，带领农民脱贫致富。

一、基本情况

西华县逍遥果蔬专业合作社地处西华县逍遥镇。合作社以"建设绿色农业、循环农业"为宗旨，采用"合作社＋基地＋农户"的经营模式，对内加强农户农业科技知识培训，组织广大社员进行农业标准化生产，对外开展技术交流、技术合作和产品营销，逐渐走上绿色、循环农业发展之路。合作社建立了自己的党支部，拥有高级农艺师2人、农艺师12人及各种管理人员20人。建设大葱、茄子、番茄、黄瓜、西葫芦无公害农产品基地5 000亩；发展良种繁育基地30 000亩，2014被河南省认定为"三品一标"示范基地。合作社的做法多次被河南日报、人民日报、中央电视台报道。

二、主要做法

（一）积极开展技术服务，提高社员素质

合作社成立技术培训部，健全工作制度。为更好地开展技术工作，合

作社从县农业局聘请多名专家作为培训老师，制定了社员技术培训制度，装修 150 平方米培训教室，购置培训设备。三年来，聘请农业专家 32 人，开展 200 人以上科技培训 30 次，100 人以上科技培训 44 次，印发资料 8 000 余份，受训人员达 10 000 人次，先后 10 次组织技术人员和示范户到山东寿光、江苏丰县等地蔬菜种植先进地区参观学习。加大农业科技宣传，提高社员素质。合作社利用国家农业培训项目，组织技术骨干深入农村、农户、田间地头开展技术咨询、市场信息等实用技术科普宣传活动，组织农民工科学知识培训，使一批有志青年实现了依靠农业种植致富奔小康。改善培训设施，健全培训体系。投资 30 万元，建成了 150 平方米的农业技术培训室；购置课桌椅 100 套；制作了宣传栏 40 平方米；购置了计算机 5 台、投影教学设备 1 套；购买了 100 种科普图书计 2 000 余册；聘请了 10 名专家为技术顾问。一个高效的农业科技知识培训体系基本完备。加大资金投入，拓展服务功能。投入培训资金 50 多万元，建实验示范田 400 亩，建有高标准的多媒体培训教室，组建宣传和培训队伍，有力地推动了当地农业科普知识的普及和推广，让科技真正能够为农民的增收带来实惠。

（二）托管土地，实现规模经营

在合作社流转土地 1 400 亩的基础上，托管土地 30 000 余亩，建立西华县逍遥良种研发繁育基地。目前，合作社建有专业化的农机队、植保队，拥有中小型设备 120 台套，大型深耕疏松机械 4 台，专业技术人员 14 人，田间管理人员 86 人。合作社健全了土地托管的农资品种留样、合同备案等制度，做到了信息政策宣传到户、合同文本推广到户、技术指导到户、托管资料建档到户、收益履约兑现到户，得到了托管农户的充分信任。用药季节，组织 12 个专业服务队，每队 10 名队员，由一名技术人员负责药物的配制，十部喷雾机械同时工作。通过统一提供药物、统一配制、统一喷洒，解决一家一户农民防病治虫难的问题，提高防治效果，降低了用药成本，减少了农药的污染。在土地托管中，积极开展订单农业。服务内容从最初的提供化肥、农药、小麦良种发展到为小麦、玉米种植提供良种、化肥、农药、技术培训、粮食收储、烘干、销售等系列化托管服务，在托管过程中，抱团取暖，产生规模效益。

（三）发展特色产业，提高种植效益

2017年起，合作社利用本地比城市周边地区霜冻来临晚半个月的优势，引入了水果玉米种植，8月播种10月中下旬收获，种植省心省力、销路有保障、效益高，种植出的成品个大、皮薄、籽粒饱满，品相极佳。目前，合作社已经发展无公害水果甜玉米2 000亩，由合作社统一采购种子、化肥、农药，统一生产技术规程，产品采收后，由合作社用"豫遥"品牌统一销售。相对于普通玉米，在不增加投入的情况下，亩均增收1 200余元。

三、取得的成效

提高农业科技水平。通过多方面的种植、管理的技能培训，增加了一批农业生产、经营管理方面的新型职业农民，留住一批拥有较高素质的青壮年农民从事农业，不断增强农业农村发展活力。只有实现对农产品从源头到生产加工、流通等整个产业链的安全把关、规范生产，才能确保人民群众"舌尖上的安全"。在技术培训推广方面，累计推广新品种15个，新技术8项，科技助农户均增收16 000余元。

实现了托管双赢。通过土地托管，方便合作社大面积统一管理，降低了农药、肥料、田间用水等生产资料的投入成本，使入托农户增产又增收。同时可以充分发挥农业规模化、集约化、机械化生产和统一经营管理的优势，大幅度减少生产要素投入总量，提高农业生产效率，降低农业生产成本。

实现农业生产生态化。通过土地托管，一些新技术得到应用，降低了农药、化肥的投入，有效保护了农业环境，实现了农业的可持续发展。不合理地施肥会造成大量肥料浪费，破坏生态环境，如氮、磷的大量流失可造成水体的富营养化。通过测土配方施肥精准投入肥料，减少其在环境中的滞留，最大限度地保护农业生态环境。

带领农户脱贫致富。通过发展水果甜玉米，带领当地贫困户找到一条

脱贫致富之路。以 2018 年为例，种子 140 元，化肥 240 元，播种 20 元，打药 70 元（购药 50 元、工钱 20 元），收获 200 元，合计 570 元，每亩收获鲜玉米 3 200 斤，按当时价格 0.8 元/斤计，每亩可实现收入 2 560 元，减去投入，可净收入 1 990 元。

火红小辣椒　一身都是宝

——商丘市梁园区郑红种植农民专业合作社

> **编者按：** 商丘市梁园区郑红种植农民专业合作社在多年的农业服务中，针对当前农村普遍存在的村庄空心化、从业老龄化、传统农业升级难、农民种地难、增收难等问题，在生产实践中摸索出了种植业"四统一"模式和"合作社＋基地＋农户"的多元化服务新模式。"四统一"模式即：统一为社员提供农资购置，统一对社员进行技术指导，统一品牌，统一销售。

一、基本情况和背景

商丘市梁园区郑红种植农民专业合作社，位于商丘市梁园区水池铺乡，现有成员210人，合作社2010年成立，2010年11月在梁园区工商局依法注册登记，注册资金为580万元，法人代表郑纪红，业务范围包括：组织本社成员开展粮食作物种植、蔬菜种植，蔬菜冷藏，农业技术推广及信息咨询服务，农产品收购、销售。拥有管理人员7人，技术人员9人，合作社有完善的财务管理制度，人员管理制度，生产技术管理体系，服务农民社员多达3 500余人，合作社先后被评为全国科普先进单位、河南省科技扶贫基地、河南省"五一"巾帼标兵岗、河南省省级示范合作社、省优秀社、商丘市三八绿色工程示范基地、中原农产品安全示范基地、商丘市农业产业化龙头企业、商丘市"巧媳妇"创业就业工程示范基地、河南省科普惠农兴村致富带头人，获河南省无公害农产品产地认定、农业部无公害农产品认定。产品在国家商标局注册"沈鲤"商标，并于2015年被评为"河南省著名商标"。

合作社拥有蔬菜冷藏保鲜库4座、传统拱棚数十座、传统温室大棚数十座，高科技无土栽培双棚双膜日光温室大棚16座，该温室使用了"水肥一体化设备""自动打药设备"进行管理。合作社还建有科普培训室和图书室，内有投影、电脑等，便于成员查阅科普资料，掌握先进的科学种植技术和供销信息。

二、主要做法及效益

(一) 发挥示范引领，帮助农民解决生产技术问题

合作社主要生产反季节蔬菜，并以规模化生产和产业化经营为目标，以规范化管理为手段，充分发挥合作社技术、资金和市场优势，延伸农业产业链条，结成利益共同体。合作社充分发挥示范带动作用，帮助农民解决生产技术问题，促进新产品和新技术的推广应用，有力地推动当地农村产业结构的调整，有利于提高当地农民收入。

(二) 开展"四统一服务"，促进农业增效、农民增收

合作社充分利用当地气候、土壤、交通、水电、技术的优势条件，大力发展大棚蔬菜育苗、种植，并为种植大棚蔬菜成员提供优质高产无公害种苗，有效解决"菜篮子"的问题，实现基地与市场、基地与农民相联结，产销一体化经营，基本做到了统一为社员提供农资购置，统一对社员进行技术指导，统一品牌和统一销售，从而达到农业增效、农民增收。

(三) 提高生产加工能力，带动社员增收

合作社从事辣椒种植多年，逐渐发现辣椒一身都是宝。每年到了辣椒季，整个乡的优质辣椒都供不应求，但是其中有一些种植户所种植的辣椒因管理不当、天气多变等原因使得其种植的辣椒达不到客户所需的品质而不知怎样处理，有的直接就扔掉了。为了解决这个问题，合作社理事长经过多次外出考察发现，南方对于干辣椒片的需求很大，这些品质稍低的辣椒进行切片、烘干之后加工出来的干辣椒不比正常生产的干辣椒经济效益差，不仅如此，在加工过程中所产生的辣椒籽还可以增加一部分收入。但

是在加工过程中天气对干辣椒的影响太大了，当下雨甚至阴天多云的时候辣椒片晒不干就影响其品质，时间一长便有可能坏掉，现在合作社的烘干设备每天能烘干10余吨的鲜辣椒，这种"变废为宝"新模式不仅提高了辣椒自身的价值，还提高了本地及周边农民的收入，合作社社员年收入均高出周围同行30%以上。

（四）开展技术培训，助推全民技能提升

合作社年均组织开展技术培训至少5次，发放宣传单、宣传册5 000多份，受益群众达3 000多人。对于有能力种植管理蔬菜的贫困农户，合作社免费提供苗木和技术指导；对没有技术的贫困户，合作社对他们进行技术培训，提供就业岗位。近2年已有12名贫困户通过技术培训找到就业岗位成功脱贫，人均增收达5 000元。对于一些年龄大的、没有文化的贫困户，合作社会安排他们做些力所能及的工作，比如挖卓、摘菜等轻活。

（五）建立益农信息社，提高农民信息技术应用水平

合作社在2018年加入了益农信息社，以电子商务的模式在线上进行产品推广、销售，为周边的群众和贫困户解决了农产品卖难的问题。益农社成立后周边群众向合作社和12316的专家咨询了许多农业相关的技术问题，合作社把这些问题整理、归纳、总结，最后通过政府的帮助举行了几十期的益农培训，有效地提高了周边群众的种植技术。合作社通过益农信息社的平台与化肥厂合作，以合作社为主体对化肥进行推广、宣传，化肥厂免费提供1吨化肥给当地的贫困户试用。

秸秆回收好　"点草成金"又环保

——巩义市祥和农机专业合作社

编者按： 巩义市祥和农机专业合作社以提供农机服务为主，实现耕、耙、种、收等环节的全程机械化，减少动力机械在生产中不必要的开支。针对农村大量剩余秸秆造成资源浪费、秸秆污染综合治理的难题，采用"合作社＋公司＋农户"的模式，利用"秸秆综合利用项目"捡拾、打捆、收集、储存、散收的一体化运作模式，做到秸秆利用多样化发展。

一、基本情况

巩义市祥和农机专业合作社，2013年4月15日登记注册，位于巩义市康店镇訾峪村，是巩义市农机社会化服务示范点之一，是集农业机械引进、推广、维修和农机作业信息收集和发布、农田作业服务、土地流转为一体的综合性专业合作社。合作社占地面积6 670平方米，建筑面积1 300平方米。合作社现有成员33人，其中农业专业技术人员2名，农业机械维修师2名。拥有大中型拖拉机17台，收割机15台，各种配套农业机械生产机具90套，其中配套深松、免耕施肥播种机10套。2017年祥和农机合作社被授予"全国农机合作社示范社"，2018年被确立为"巩义市全国主要农作物全程机械化示范县示范基地"。

二、服务模式

合作社承担着沿黄裴峪村、訾峪村、杨岭、赵沟、俩沟、石板沟六个行政村、50个生产小组2万亩土地耕、耙、种、收的重担，在实现农业全程机械化的同时形成统一耕种、统一机收，减少动力机械在生产中不必要的开支，解决农村大量剩余秸秆造成资源浪费、污染综合治理的难题，积极开发以秸秆饲料为主的秸秆产品，农民从中获得了收益，同时为建设生态农村做出更大的贡献。

三、主要做法

（一）统一耕种、统一机收

为推动农业发展、加快农业发展的步伐，合作社从机械化着手，以安全防范为基础，以产业化支撑为关键，实施创新驱动。让农民进入企业打工，就地成功就业，促进农民增收、农业增效。合作社承担着50个生产小组2万亩土地耕、耙、种、收的重担，按玉米、小麦两茬农作物收入每年每亩2 000元计算，给农民带来经济收入可达4 000万元。

（二）秸秆利用、优化环境

为推进农业供给侧结构性改革，打造巩义市农村产业化示范区，祥和农机合作社携手山东泉林集团惠宇公司在巩义市建设秸秆收储网络中心，推进农业领域转方式调结构，优化资源配置，改善生态环境，提高供给效率，推动一二三产业融合发展，使农业供给与市场需求更加契合。针对巩义市的秸秆需求，合作社实施秸秆综合利用项目，采用捡拾、打捆、收集、储存、散收一体化运作模式，做到秸秆利用多样化发展。祥和合作社在发展中将实现年订单销售万吨秸秆的最终目标。

一是凡属巩义市农机合作社，都可以进行夏收小麦时期的秸秆捡拾、打捆、收集、储存、安全保管工作，由祥和农机合作社按当年订单销售合同价格，统一安排时间进行销售；二是凡属牲畜养殖户、种粮大户、家庭农场、农民合作社需要饲料供给、秸秆还田、秸秆收集需求者，都需提前与祥和合作社预约、签合同，使夏收小麦秸秆再生利用达到最佳效果；三是凡属祥和农机合作社农田作业区域范围，康店镇八个行政村（裴峪村、訾峪村、杨岭村、于沟村、马峪沟村、井沟村、赵沟村、俩沟村）以及河洛镇石板沟村，在黄河滩万亩丰田夏收支持小麦秸秆捡拾、打捆的农户，合作社将以优惠价（每亩10元）收割小麦；四是凡属低保户、贫困户者，按村组地亩册收割小麦不收费用、免费收割，帮扶脱贫；五是凡属自产自用自销的农户，小麦捡拾打捆为40元/亩，捡拾、打捆的小麦秸秆运送合作社收储中心为300元/吨；六是祥和合作社长年进行小麦、花生、豆秧秸秆的收集、储存工作，有需求者可提前与合作社联系，每吨按低于市场价50元/吨的价格进行销售。

（三）精准施肥、提质增效

为使农业科技由追求增产转向更加注重优质、安全、高效、生态，2018年祥和农机合作社建立郑州农资商道病土治理工作站和农资商道微型配肥服务站，从测土配方、精准化验到无人机植保飞防同步并进。化肥减量增效施用技术的关键是把握好"精、调、改、替"，推进精准施肥，调整化肥施用结构，改进施肥方式，直到改变土壤环境。由数量扩张向质量提升去改变，大力推进质量兴农，绿色兴农，从而提高作物的产量，降低农业生产成本，达到保护农业生态环境的目的。

四、取得成效

（一）增加农民收入，促进就业

为加快农业发展的步伐，合作社从机械化着手，以安全防范为基础，以产业化支撑为关键，实施创新驱动。让农民进入企业打工，就地成功就业，实现农民增收、农业增效，促使产业转型升级。

合作社每年耕、耙、种、收按低于市场价20%的作业费用优惠农民；以农作物秸秆处理场地和经济作物加工场地无条件服务农民；以"农资超市"形式，按"厂价＋运费"的优惠价格销售给农民使用。

（二）改善生态，服务农业

合作社推进农业领域转方式调结构，优化资源配置，改善生态环境，提高供给效率，推动一二三产业融合发展，使农业供给与市场需求更加契合。合作社制定"秸秆综合利用项目"实施方案，积极开发以秸秆饲料为主的秸秆产品，在优化环境的同时，也促进了生物质能的发展。同时，从测土配方、精准化验到无人机植保飞防同步并进，推进精准施肥，调整化肥施用结构，改进施肥方式，既取得较好的效益，农民也从中取得了收益，为发展生态农业做出了应有的贡献。

【链接】国务院办公厅关于加快转变农业发展方式的意见节选

五、提高资源利用效率，打好农业面源污染治理攻坚战

（十六）大力发展节水农业。落实最严格水资源管理制度，逐步建立农业灌溉用水量控制和定额管理制度。进一步完善农田灌排设施，加快大中型灌区续建配套与节水改造、大中型灌排泵站更新改造，推进新建灌区和小型农田水利工程建设，扩大农田有效灌溉面积。大力发展节水灌溉，全面实施区域规模化高效节水灌溉行动。分区开展节水农业示范，改善田间节水设施设备，积极推广抗旱节水品种和喷灌滴灌、水肥一体化、深耕深松、循环水养殖等技术。积极推进农业水价综合改革，合理调整农业水价，建立精准补贴机制。开展渔业资源环境调查，加大增殖放流力度，加强海洋牧场建设。统筹推进流域水生态保护与治理，加大对农业面源污染综合治理的支持力度，开展太湖、洱海、巢湖、洞庭湖和三峡库区等湖库农业面源污染综合防治示范。

（十七）实施化肥和农药零增长行动。坚持化肥减量提效、农药减量控害，建立健全激励机制，力争到2020年，化肥、农药使用量实现零增长，利用率提高到40％以上。深入实施测土配方施肥，扩大配方肥使用范围，鼓励农业社会化服务组织向农民提供配方施肥服务，支持新型农业经营主体使用配方肥。探索实施有机肥和化肥合理配比计划，鼓励农民增施有机肥，支持发展高效缓（控）释肥等新型肥料，提高有机肥施用比例和肥料利用效率。加强对农药使用的管理，强化源头治理，规范农民使用农药的行为。全面推行高毒农药定点经营，建立高毒农药可追溯体系。开展低毒低残留农药使用试点，加大高效大中型药械补贴力度，推行精准施药和科学用药。鼓励农业社会化服务组织对农民使用农药提供指导和服务。

（十八）推进农业废弃物资源化利用。落实畜禽规模养殖环境影响评价制度。启动实施农业废弃物资源化利用示范工程。推广畜禽规模化养殖、沼气生产、农家肥积造一体化发展模式，支持规模化养殖场（区）开展畜禽粪污综合利用，配套建设畜禽粪污治理设施；推进农村沼气工程转型升级，开展规模化生物天然气生产试点；引导和鼓励农民利用畜禽粪便积造农家肥。支持秸秆收集机械还田、青黄贮饲料化、微生物腐化和固化炭化等新技术示范，加快秸秆收储运体系建设。扩大旱作农业技术应用，支持使用加厚或可降解农膜；开展区域性残膜回收与综合利用，扶持建设一批废旧农膜回收加工网点，鼓励企业回收废旧农膜。加快可降解农膜研发和应用；加快建成农药包装废弃物收集处理系统。

资料来源：中华人民共和国中央人民政府网站。

◼ 点 评 ◼

　　农机与农艺的结合是农机社会化服务进一步推进的重点。农机和农艺的融合一方面取决于农机的生产能力。为适应种养殖农艺，从农业生产工艺要求出发，以企业为主导，以市场需求为切入点，促进农机核心技术和关键零部件的研发。另一方面，农艺要适应农机。只有适应农机化生产的农艺才能真正派得上用场，转化为先进生产力。新一代职业农民需要学习适应机械化作业的农艺，包括种植技术、农机操作和维修技术以及农艺经营管理知识。只有掌握现代农艺，结合现代农机，我国的农业现代化才能顺利实现。

　　内黄县苏红尖椒专业合作社、三门峡瑞粮农业社会化服务有限公司、潢川县金塔红种植养殖专业合作社、西华县逍遥果蔬专业合作社、商丘市梁园区郑红种植农民专业合作社和巩义市祥和农机专业合作社，结合自身条件开展以经济作物农机社会化服务为主的一系列社会化服务，并在服务方式、服务内容等方面各有不同，能够从不同方面给予我们启示。

　　内黄县苏红尖椒专业合作社围绕尖椒生产及加工提供农业社会化服务。2020年，在第五届贵州·遵义国际辣椒博览会全国十大名椒评选中，内黄尖椒荣获全国十大名椒第五名的殊荣。六村乡作为尖椒之乡，有二十年的种植历史，面积达5万亩以上。随着六村乡种植规模的扩大，六村乡带动周边地区逐步形成以六村为中心的河南省最大的尖椒种植区，与此同时，六村乡也成为豫北最大的尖椒批发交易中心。内黄县苏红尖椒专业合作社正是依托六村乡的特色产业——尖椒开展农业社会化服务。总结该案例，有以下两个方面经验值得学习。其一，将专业的事交给专业的人做。合作社与安阳全丰植保飞防公司合作，探索出小麦—尖椒套种无人机飞防模式。小麦—尖椒套种模式比单种尖椒模式的亩产高、品质好。小麦—尖椒套种的原理在于麦秆的遮阴作用，能够减少尖椒受到病毒感染的几率，小麦的秸秆经过粉碎还能覆盖地表，为尖椒根系的发育创造良好的土壤条件。小麦—尖椒套种虽然好处多，但由于不同种类作物的植保需求不同，农药也需做出调整。合作社将植保环节交由安阳全丰植保飞防公司，由植保公司研究提供专用药剂，较传统农药药效更好，有效减少了麦椒套种的病虫为害。其二，依托科研院所进行基地实验，更易推广农机农艺。合作社与科研院所开展合作，通过合作社种植基地的实验，引进了良种、优质化肥、先进灌溉技术，农民通过基地实验看到了能为其省钱且增加效益的好做法，便开始效仿，这一过程充分体现了"实践是检验真理的唯一标准"。

三门峡瑞粮农业社会化服务有限公司依托"综合平台＋服务团队＋激励机制"模式开展农业社会化服务。销售农药、化肥等农资是该公司开展的主要业务，但与大多农资销售公司不同的是，公司还为农户提供精准化的施肥施药服务，致力于解决农户种植中遇到的各种问题。其具体做法有：一是公司搭建多功能服务平台。公司组织区域服务团队、经销商网点统一对外提供政策宣传、技术指导、信息服务、生产要素，并对农户在生产过程中遇到的问题进行收集归纳；向农户提供区域服务中心或公司热线的免费咨询服务；开展技术培训，解决农民问题。二是设立专业服务团队——肥料技术服务团队和农药植保服务团队，为农户提供专业服务。三是建立规范化、流程化的订单服务模式，提高服务效果。

潢川县金塔红种植养殖专业合作社与西华县逍遥果蔬专业合作社都是围绕果蔬种植提供农业社会化服务。总结这两个案例，有三个共同经验值得学习。其一，树立品牌意识。金塔红种植养殖合作社注册"骆店"牌蔬菜商标，逍遥果蔬专业合作社用"逍遥"品牌统一销售。品牌的建立能够强化合作社在开展农业社会化服务中对品种、整地、播种、收获、销售环节的自觉统一，提升农业社会化服务各环节的标准化水平，也有利于先进技术的扩散。其二，开展绿色防控技术与专业化统防统治相结合的病虫害防治工作。病虫害防治是果蔬种植中十分重要的环节，绿色防控技术和统防统治技术的结合是减少农残、保证农产品优质供给的关键举措。金塔红种植合作社为此成立金塔红统防统治应急机防大队，打造果蔬绿色防控基地，购置太阳能杀虫灯、诱虫黄板等绿色防控设施设备。逍遥果蔬专业合作社在用药季节成立 12 个专业服务队提供统防统治服务，设立大葱、茄子、番茄、黄瓜、西葫芦无公害农产品产地。专业化统防统治的主要特征在于利用高效的施药机械，在短时间内，达到防治药品快速覆盖田间地头，及时控制和预防病虫害的发生。绿色防控技术的重要特征是采用非化学的手段，例如生态、物理等方法控制和减少病虫害的威胁，达到保护生态、实现可持续发展的目标。二者的有机结合是未来我国病虫害防治的改进方向。其三，开展技术培训。金塔红合作社从三方面提升农户素质：设立科技辅导制度，对全年的科普工作做详细安排；组织社员到示范基地参观学习；聘请科研院所的专家开展培训。逍遥果蔬专业合作社设立技术培训部，制定社员技术培训制度；聘请农业专家开展科技培训；利用国家农业培训项目，组织技术骨干深入农村、农户、田间地头开展技术培训；在软件和硬件方面共同支持农机知识培训体系建设。

商丘市梁园区郑红种植农民专业合作社和巩义市祥和农机专业合作社在提供农业社会化服务的过程中，对生产过程中产生的辣椒叶、秸秆等农业废弃物进行再利用，获得了良好的经济效益和生态效益，为农业社会化服务主体开展废弃物资源再利用提供新思路。郑红种植农民专业合作社从多年的辣椒种植经验中发现，辣椒叶经过深加工也具有食用价值，鼓励农户将辣椒叶出售给合作社。此外，合作社经过市场考察，发现南方市场对于干辣椒片的需求较大，将因受潮达不到收购要求的新鲜辣椒晒干进行销售，并不影响其经济价值，同时，加工过程中产生的辣椒籽也能增加一部分收益。在看到了烘干辣椒的经济效益后，合作社进一步引进烘干设备，对辣椒进行烘干后再销售，这种"变废为宝"的做法提高了辣椒种植户的经济效益。巩义市祥和农机专业合作社建设秸秆收储网络中心，实施"秸秆综合利用项目"，形成捡拾、打捆、收集、储存、散收的一体化运作模式。针对社员，合作社统一收购秸秆，并负责秸秆的储存和加工工作，再根据与养殖大户等秸秆需求者签订合同进行销售，做到了经济效益和生态效益的双丰收。

抱团式服务　一体化发展

龙头辐射引领　全产业链服务

——洛阳市健稷农业科技产业园

编者按：洛阳市健稷农业科技产业园采用以河南永丰面业为主的产业化联合体模式进行运作，主要包括粮食加工、创业孵化基地、粮油电商、农产品电商、物流配送、农村电商平台和益农信息社县级运营中心七个成熟的运营板块，板块之间串联各类经营主体34家，推动了服务链条横向拓展、纵向延伸，以资金、技术、服务等要素为纽带，积极发展服务联合体，促进了融合发展，实现了合作互利共赢，农业产业一体化服务组织体系逐步形成。

一、基本情况

洛阳市健稷农业科技产业园位于洛阳市偃师市缑氏镇，紧靠207国道南侧，交通便利，占地150亩，园区建筑面积1.3万平方米。产业园于2013年由河南永丰面业股份有限公司、偃师市健稷农产品产销专业合作社发起并筹备建设，2015年产业园基础设施建设完成并投入使用。产业园建成以来，以"中原雪"品牌面粉为主业，以新三板上市企业"河南永丰面业股份有限公司"为龙头，发挥辐射引领作用，整合偃师及周边区域内现有资源并进行全产业链扩充，大力运用互联网平台，形成了一套集农产品种植、订单收购、仓库保管、食品加工、科技研发、电子商务、物流配送、主食销售为一体的农业现代化经营新体系，在农业供给侧结构性改革和农业产业化方面进行了积极尝试，取得了良好的经济效益和社会效益。

二、主要做法

近年来，洛阳市健稷农业科技产业园坚持以河南永丰面业为主的产业化联合体模式进行运作，主要包括粮食加工、创业孵化基地、粮油电商、农产品电商、物流配送、农村电商平台和益农信息社县级运营中心七个成熟的运营板块，板块之间互生互联，链接各类服务、经营主体 34 家，这些服务主体与经营主体之间建立了利益联结和共赢共享机制，进一步壮大了当地农业与一二三产业的融合发展。

（一）充分发挥龙头企业示范引领作用

河南永丰面业有限公司作为产业园龙头企业，主要以粮食加工为主，该公司成立以来一直专注于小麦粉（通用、专用）的加工销售，凭借自有技术与行业资源积淀，形成了以小麦粉加工生产和销售为一体，为客户提供优质、多样的粮食加工品和多层次的配送服务。目前，建成日处理500吨小麦能力面粉生产线，6.5万吨仓容原粮仓库，依托自身的加工体量和品牌力量，成为产业园发展的牢固基石。在产业上游，永丰面业通过与园区合作社、家庭农场形成联合体，通过订单种植带动农户，帮助农户增收。产业园在粮食加工方面年产值达到 1.2 亿元，带动农户5 000 余户。

（二）利用优势积极打造创业孵化基地

产业园现有 5 000 平方米科研办公大楼，大力开展小微企业创业创新基地建设，先后被科技和人社部门评为河南省"省级星创天地"和洛阳市农民工返乡创业基地。充分利用偃师葡萄规模化优势，以偃师市健稷农产品产销专业合作社为主体，承担了洛阳市小微企业创业创新示范、城市乡村创业创新基地项目——偃师二十里葡萄长廊项目的运营，目前，已入驻各类创业创新个体 20 余个，建有创客空间、实训基地和会议中心。基地定期组织活动讲授葡萄种植技术和市场知识，聘请专家实地传授农户葡萄管理及种植技术，为增强偃师葡萄的整体竞争力搭建了良好的平台。

（三）以电商服务平台为载体有效保障了农产品的销售

产业园联合偃师市绿森牧业有限公司等粮油食品类加工企业，单独成立洛阳健稷电子商务有限公司，和同行其他电子商务运营企业一道，参与筹建了"粮油送"一站式粮油食品配送电商平台，有效解决了粮油加工产品的销售问题。同时，搭车知名农村电商平台，实现合作共赢。园区入驻企业河南万村淘网络科技有限公司是农村电商运营公司，经营"万村淘商城"平台，致力于打通农产品进城和工业品下乡的通道，使得偃师本地及园区农产品的销售渠道进一步得到拓展。"万村淘"平台在偃师范围内已有 100 余家加盟门店，实现偃师市范围内所有乡镇全覆盖。

（四）组建物流公司提供高效物流配送服务

粮油送（物联网）洛阳有限公司是园区专业的物流管理公司，负责调配各个电商平台日常的货物运输。目前，园区物流系统已配置大小各种运输车辆 100 余台，日配送能力 1 000 吨，依托园区的大量物流配送订单，参与物流配送的司机岗位每年能保障至少 10 万元收入，在提高从业人员收入水平的同时，更有力保障了物流配送服务的高效运行。

（五）整合资源承建益农信息社县级运营中心

依托园区电子商务资源，偃师市健稷农产品产销专业合作社与偃师市"互联网＋"益农信息社运营商北京农信通集团于 2018 年 8 月签订了合作协议，承建偃师市益农信息社县级运营中心，助推全市益农信息社发展。同时，在健稷产业园内，健稷合作社联合中国建设银行、中华联合保险、蚂蚁金服、中国联通、物流三通一达等单位对偃师市全体益农社信息员进行了运营培训。目前，益农信息社运行良好。

一、二、三产业融合发展

互生互联

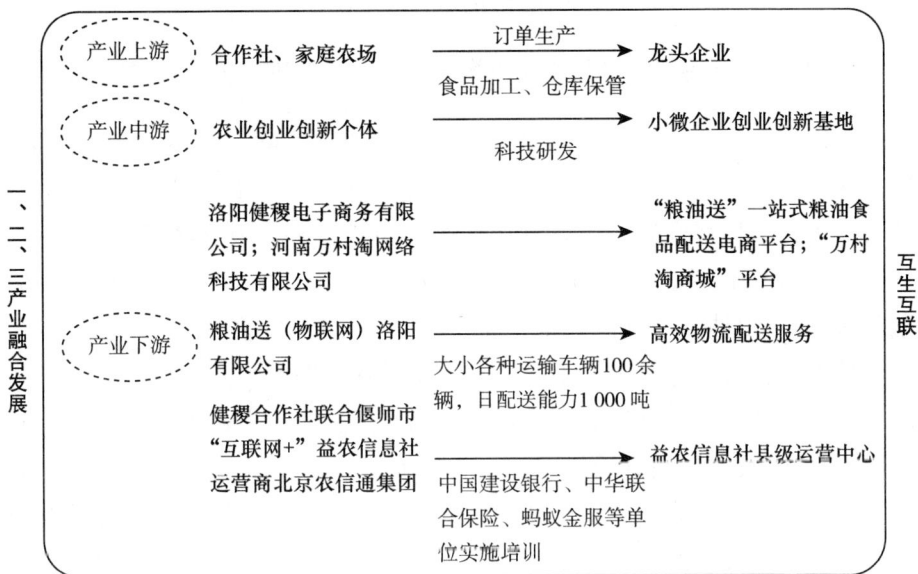

洛阳市健稷农业科技产业园农业社会化服务模式

三、取得的主要成效

（一）带动了周边群众就业，增加了农民收入

产业园区内合作社对周边小农户社员种植的产品按订单农业价格回收，比市场价格要高 10％，产业园区内的合作社对回收来的产品实行低存高卖，让社员产品的经济收益每年可增加 10％ 左右，这两个 10％ 无形之中就提高了农民收益，增加了农民收入。由于辐射带动作用和地域优势，园区内合作社的粮食市场回收价比周边县市又高出 2％～3％。合作社通过高效、科学、合理的运作，进而提高了广大社员的经济收益，带动了当地农业健康有序发展，达到了"土地增产、农业增效、农民增收"的效果。产业园区的发展为周边群众提供了更多的就业机会，农民可以就近就业，增加了他们的工资性收入，切实缩小了园区周边农民与城市居民的收入差距，让他们能享受到工业化、城市化带来的福利，促进了周边村庄的基础设施建设，改变了周边村庄的村容村貌，转变了园区周边农民的生

产方式和生活方式，提高他们的生活水平。

（二）让农产品销售融入"互联网＋"，推动了当地农业电子商务的发展

洛阳健稷农业科技产业园结合农村经济发展实际，利用"互联网＋"建立起了网络销售平台。农户加入产业园网络销售平台，只需要一部手机就可以进行销售，同时，可以利用这个网络销售平台发布各种销售信息，接收全国各地订单。产业园与互联网公司合作研发了手机 APP"粮油送"，打开"粮油送"软件，米、面、油、挂面等 20 多个类别一目了然，每个品种又包含不同品牌、不同系列、不同规格的农产品，目前共有农副产品 100 余种。用户订货后，由物流公司送货上门。产业园区农产品企业借助"互联网＋"，拓宽销售渠道，为农业发展插上了腾飞的翅膀，也促进"互联网＋"新业态、新产品、新经济在偃师快速发展，全面提升电子商务服务经济发展的整体水平。

（三）扩大了农产品辐射范围和市场规模

产业园建设有"健稷商城"农产品电商平台，主要进行玉米、豆粕、麸皮、饲料等饲用原料的电商销售，为畜牧业发展提供服务，电商平台主要由洛阳市健稷农业科技有限公司和粮达电子商务（洛阳）有限公司负责运营，这个电商平台率先提供"首日下单，次日送达"的农产品"京东式"服务，"健稷商城"平台年交易额已超过 2 亿元，带动就业 100 余人。为延伸拓展农业产业服务链条，产业园还建设了 8 000 平方米的电商物流云仓。经过 5 年的发展，在 100 千米配送半径范围内已有活跃注册用户 5 000 余户，年平台交易额超过 1 亿元，创造营销、物流、后台管理等方面岗位80 余个，有效解决了粮油加工产品的销售问题。

（四）形成了一条从田间到餐桌的完整产业链

产业园通过整合入园企业现有资源，招商引资，以科技为支撑，倡导绿色健康农产品，以粮食水果加工为切入点，拉长上下游产业链。上游以粮食收储为支点，联合种粮大户、家庭农场、葡萄采摘园，发展订单农业，保证原粮原料安全；下游做好粮食水果精深加工，使生活必需品和休

闲食品多样化，主食产品工业化，加上网店结合、优质服务、快速配速，完成从田间到餐桌的全产业链生产过程。园区打造粮食种植、订单收购、仓库保管、加工转化、科技研发、电子商务、物流配送、主食销售为一体的粮食产业聚集园，并通过产业园的发展，活跃省内，辐射省外，成为豫西农业产业的核心经济区，实现偃师农业食品行业的跨越式发展。

■■【链接】高质量建设现代农业产业园 示范引领农业现代化

——农业农村部、财政部有关司局负责人就国家现代农业产业园建设有关问题答记者问

2017 年，农业农村部、财政部贯彻落实党中央、国务院关于建设现代农业产业园、培育农业农村发展新动能的决策部署，按照"一年有起色、两年见成效、四年成体系"的总体安排和"先创后认、边创边认、以创为主"的工作要求，启动并批准创建国家现代农业产业园。2017 年以来，农业农村部和财政部批准创建了 151 个全产业链发展、现代要素集聚的国家现代农业产业园，其中已认定 87 个，带动各地创建了 3 189 个省、市、县产业园，基本形成了以园区化推动现代农业发展的建设格局。151 个国家现代农业产业园平均产值达 75 亿元，其中 15 个超百亿元。2019 年 151 个国家产业园近 70%的农户与各类新型经营主体建立了利益联结机制，农民人均可支配收入达到 2.1 万元，比全国平均水平高 31%。目前国家产业园聚集了 900 家省级以上农业产业化龙头企业，年纳税总额近 200 亿元。高质量建设现代农业产业园，离不开真金白银的投入。贯彻中央部署要求，中央财政持续加大现代农业产业园建设支持力度，创新财政资金供给和使用机制，累计安排中央财政奖补资金 91.21 亿元，重点支持产业园改善公共基础设施条件、提升公共服务能力，撬动金融和社会资本投入产业园建设，提高财政资金使用效益。

资料来源：农业农村部新闻办公室。

提升综合服务能力 打造优质服务队伍

——淮滨中信种植专业合作社联合社

编者按： 淮滨中信种植专业合作社联合社是淮滨县供销社 2016 年投资创办的基层服务组织，宗旨是为农民提供农业生产性社会化服务。联合社强化生产服务基地设施建设，打造为农服务中心综合服务平台；强化服务质量，实现生产服务智能化；延伸产业链条、拓展服务内容，实现农产品订单加工销售品牌化。整合全县种植专业合作社，开展从种到收"一站式"土地托管服务，覆盖农业产前、产中、产后的各个环节。联合涉农优势资源，构建弱筋小麦、优质大米精深加工、收储、销售、交易平台，三产融合，实现闭环式运营。

一、强化生产服务设施基地建设，打造"一站式"综合服务平台

提升服务能力，建设规模化、全程化、高质量为农服务队伍，基础设施是关键。淮滨县供销社抢抓机遇，争取党委政府支持，解决设施用地，筹集资金 800 多万元，申报国家农业综合开发土地托管项目财政资金 420 万元，共计投入 1 200 多万元建设服务中心综合服务平台。在淮滨县台头乡何庄村建成占地 20.88 亩，总建筑面积 6 500 平方米的粮食收储、农资存放仓库各两座，综合服务大厅、育秧工厂等 7 栋厂房。设置 3 个中心（供销 e 家运营中心、农事服务中心、技术服务中心）、6 个部门（运营销售部、培训孵化部、公共服务部、农事服务部、技术服务部、仓储物流部），拥有大中型农业机械 540 台套，植保飞机 32 架，主要服务内容有良种供应、水稻育秧、农机服务、智能配肥、代耕代种、统防统治、粮食

收购、仓储加工、农技培训等。健全信息化管理和生产生活服务设施，打造从种到收"一站式"综合服务平台。

二、强化服务提升，打造生产服务智能化

联合社注册公众号、二维码，建立手机"服务超市"，安装质量跟踪系统。通过关注公众号、扫二维码，"服务超市"为农民朋友开设农业课堂、托管服务、购销服务、政策解读、监督投诉专区等。各专区又细分服务种类、方式、收费标准、购销价格等。农民朋友点击"农业课堂"可获取各种农作物植保、种植、化肥农药等农业技术的培训指导；打开"托管服务"，从种到收各种服务通过"立即预约""我的订单"在网上敲定下单。"我拟菜单，你点菜"的服务方式，突出了农民的主体地位，颇受农民追捧。优质大米生产基地安装质量追踪系统"电子眼"，每15分钟实时发送监控图像。想了解中信种植注册生产的产品是否绿色、环保、无公害，可在手机客户端"生产全程跟踪"。一部手机在手，种田不用发愁。为农服务中心设有信息服务处理平台和飞防机站，机站发射塔辐射半径35千米，基本涵盖全县，也就是说在35千米以内可以遥控指挥无人植保机飞防作业。

联合社通过大田托管开展育秧、机插、机耕、机收、田间管理等，为农户提供从种到收全方位、系列化服务。与农户签订托管协议，约定服务内容和标准，收取低于市场价20%的服务费用，互惠互利。水稻插秧每亩260元（含秧苗），机防每季三次、每亩次10元，收割每亩60元，采取"套餐式""菜单式"多环节或单环节服务内容；联合社自主研发具有知识产权的锥式水稻播种机220台，无偿交给农户使用，助推新栽培技术的推广。联合社首创的水稻点播，2019年推广面积40万亩，旱播水管，长势、收成好于其他播种方式，颠覆了传统种植模式，因节水、节能、高效、省力、省肥，成本低、轻简化等优点，被列入河南省人民政府农业推广计划。

联合社组建20人病虫害防控大队，免费发放病虫害防治宣传手册10万份，承接政府购买的16万亩小麦病虫害防治"大单"，加上应约出防，飞防面积达18万亩。无人机喷洒、统防统治、政府买单，成本低、

效率高、用药安全，防治效果好，深受农民朋友欢迎。从 2017 年到 2019 年，县财政每年出资 1 000 多万元，实施整村推进种植弱筋小麦 30 万亩，引导农民自愿种植 30 余万亩，全县弱筋小麦面积发展到 60 万亩，优质水稻 12 万亩，促进了农民节本增收、增产增收、增价增收，推动了全县弱筋小麦、优质水稻产业的健康发展。

三、延伸产业链条，农产品加工销售品牌化

联合社通过土地托管，大力推广优质水稻和弱筋小麦种植；提升地区优质大米品质，打造优质大米品牌；大力发展订单农业，生产的弱筋小麦成为中粮、亿滋、益海、茅台、五粮液酒厂及加工企业原材料；通过"公司＋合作社＋农户＋品牌"产业化经营模式，把种植产业发展与精准扶贫、产业扶贫有机结合。农产品原料销售，市场知名度低，好产品卖不出好价钱。联合社看准市场、抓住机遇、主动作为，筛选适销对路品种，注册商标、设计包装、全程参与，把控粮源，通过土地托管和社会化服务无缝对接，组织规模化种植、标准化加工、品牌化营销，打造优质大米产业链、价值链。生产的"楚相故里"优质大米已在国内市场崭露头角，销售突破 100 万斤，价格提升 20%，与农户签订协议每斤加价 0.1 元回收，实现农民、合作社、加工销售企业三方受益。2019 年托管服务优质水稻种植面积达到 12 万亩。

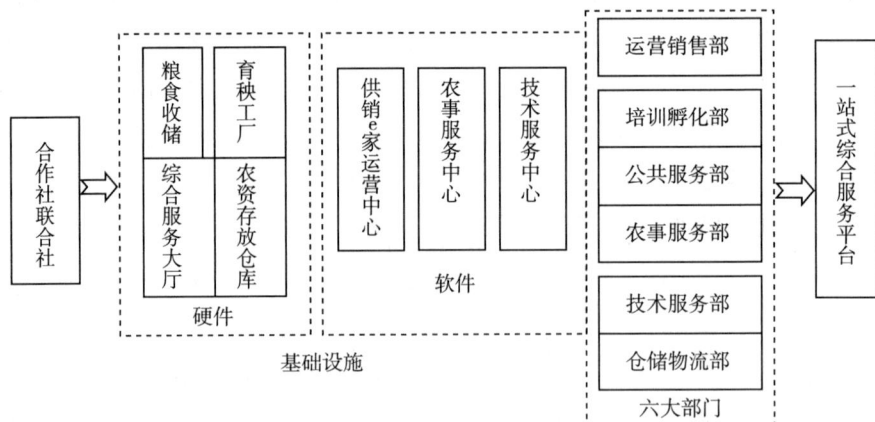

淮滨中信种植专业合作社联合社农业社会化服务模式

◧◨【链接】农民合作社实现整体发展质量稳步提升　四级联创示范社达 15.7万家

2020年以来，农业农村部会同有关部门深入开展农民合作社规范提升行动，促进农民合作社高质量发展，加强试点示范引领，国家级、省级、市级、县级四级联创示范社15.7万家，首批30个县（市、区）农民合作社质量提升整县推进试点工作取得阶段性成果。总体来看，农民合作社保持规范运行、健康发展的良好势头，实现了整体发展质量稳步提升。截至2020年11月，全国农民合作社达到224.1万家，坚持以农民为主体，辐射带动近一半的农户。农民合作社加强社际联合，通过共同出资、共创品牌、共享收益，组建联合社1.3万余家，社均带动12个单体合作社，经营收入是单体合作社近4倍。贫困地区共培育发展农民合作社72万家，吸纳带动建档立卡贫困户入社发展乡村产业。

资料来源：农业农村部新闻办公室.

发挥优势　实现社会化服务效益多方共赢

——河南农吉农业服务有限公司

编者按： 河南农吉农业服务有限公司（以下简称"河南农吉"）是由河南农有王农业装备科技股份有限公司（以下简称"农有王"）牵头成立的农业生产社会化服务公司。河南农吉成立以来，依托"农有王"的农机研发和技术优势，借助其市场和网络资源，秉承"不让小农户为种地作难，不让新型经营主体过多投钱"的服务理念，以"公司＋县级分公司＋农机合作社＋机手"为基本经营模式，以农业生产的耕、种、防、收等多环节专业化的农机服务为主要内容，以新装备、新技术应用和高素质的专业队伍建设为基本保证，以完善的利益联结机制为重要补充，以集聚优秀农机手、打造专业化队伍、开展标准化服务为基本保障措施，推动了生产经营向生产和服务相结合的方向转变，实现了多方共赢，闯出了一片社会化服务新天地。

河南农吉农业服务有限公司位于河南省驻马店市遂平县，2017 年成立以来，经过四年多努力，已在河南、安徽两省设立县区分公司 19 家，加盟农机专业合作社 67 家，拥有 1 100 千瓦以上拖拉机 1 560 台，各类植保机械 113 台架，收获机械 1 230 台，各类机手 3 000 多人。公司内设人事、财务、售后、市场等部门，办公场所 360 平方米，停车场 8 500 平方米，修车场 600 平方米，实现了以河南省为中心，以河南、湖北、山东、内蒙古、新疆等 13 个省（区）为重点地区、年作业面积达到 1100 万亩次以上、年作业服务费收入超过 3 亿元的大型农业生产服务组织。

一、主要做法

（一）发挥品牌优势，构建网络化服务模式

"农有王"是有 30 多年历史的老农机品牌，主要生产销售播种、收获等农机具，在河南及周边地区具有较高的知名度和良好声誉。"农有王"在省内外有 460 多家专卖店，有较为完善的销售和售后服务网络。2017年以来，它们针对农村劳动力减少、农业收益降低，"谁来种地""如何种好地"问题较为突出和小农户购置农机具"不划算"、经营主体不愿过多购置农机的实际，依托公司已有的农机生产和销售优势，牵头成立了以当地农机合作社为主要成员的"河南农吉"农业服务公司，建立了"公司＋县级分公司＋农机合作社＋机手"的服务网络，依靠县级分公司，引导农机合作社加盟"河南农吉"，统一命名、统一挂牌、统一标识、统一宣传、统一服务标准等。公司大面积作业、跨区作业，统一生产服务调度；农机合作社负责本区域内生产服务，机手负责具体作业，服务形式灵活、服务内容多样，满足了不同服务需求。

（二）发挥装备优势，开展标准化服务作业

"农有王"长期专注农业种植机械、花生收获机械的研发与生产，与农业农村部南京农机化研究所、河南农业大学、吉林农机院等长期合作，拥有实用新型专利、发明专利 30 余项。河南农吉依托"农有王"生产的新型播种设备，积极推广小麦带状、宽幅和玉米洁区、错位及花生垄上播种等高产播种模式，实现了同等条件下增产 10%～15%的效果。邀请相关专家，制定了小麦、花生等全程机械化作业的质量标准（如小麦秸秆还田作业残茬高度≤8 厘米，花生捡拾摘果作业破碎率≤5%等），经驻马店市市场监督管理局核准发布后，成为驻马店市农机作业质量的地方标准。坚持农机农艺融合，加快新型耕作模式的推广，促进增产增收。针对全国花生第一大县——正阳县，花生种植多年重茬，病虫害严重，探索形成了秸秆离田、深翻、旋耕、垄上播种的耕作模式，被河南省农科院确定为花生高产栽培技术"四改"之一，进行了广泛推广应用。"河南农吉"按照

设备性能和用途，把作业服务队划分为耕整、种植、植保、收获四大类11 小类作业队，细化作业分工，尽力让机手常年专注一种作业，实现专业团队内的专业化分工。

（三）发挥人才优势，打造专业化服务队伍

坚持把打造高素质专业化的服务队伍，作为提高服务质量的根本，依托"农有干"人才支撑，在培育更多高素质服务型人才上下功夫。严把机手入口关。在机手加入合作社时做到一训、二带、三管，即必须接受公司组织的培训并取得结业证书，必须经过老机手一对一帮带，必须严格遵守各项管理规定。严格团队意识。通过扩大对外宣传、搜集市场信息、统筹资源调配等，开拓服务市场，延长机手作业时间，使机手有活儿干、能挣钱、受尊敬，增强了公司凝聚力。实打实解决机手困难。公司推出 1/3 首付购机模式，即在合作社理事长担保下，公司垫付 1/3 左右的购机款，加上农机购置补贴，机手只需首付 1/3 左右的购机款即可购机，年度作业结束用作业费收入偿还购机欠款，降低了优秀机手入社门槛，稳定了机手队伍。常发 1804 拖拉机，售价 22.5 万元，对困难机手，公司垫付 7.72 万元，享受补贴 6.78 万元，机手首付 8 万元即可购买新机。坚守公司形象。全体作业车辆统一安装队旗队标，树立品牌形象，做到统一签订作业合同、统一质量标准、统一作业价格、统一售后维修、统一作业调度，加强行业自律，保持客户零投诉记录，提升了专业化水平。

（四）发挥规模优势，实现最大化服务收益

农业生产社会化服务取胜要诀，既有质的保证，也要量的积累。实现服务效益的最大化，首先要有服务规模的最大化。河南农吉通过延长服务链、扩大服务面、降低服务成本等措施，有效保证了服务收益。开展技术服务。把农机服务与农艺服务结合起来，聘请驻马店市 5 位知名农业专家，专门为客户提供全程技术指导，随时解决生产中出现的各类技术问题。开展订单服务。按照克明面业集团、南阳牧原股份公司等大型企业要求，进行订单生产，实现地头卖粮目标，增加粮食售价 0.03~0.05 元/斤。开拓服务市场。年实施政府深松、深翻等社会化服务项目 100 万亩次以

上；安排专人负责收集服务市场信息，通过农村经纪人、村组干部全方位收集作业信息，签订作业合同；派专人长年外出联系业务，组织专门的服务队远赴新疆、内蒙古、东北三省等地区开展跨区作业。2020年，农机作业范围遍布河南、湖北、山东、安徽、内蒙古、陕西、新疆和东北三省等13个省区，作业面积达到1 000多万亩。降低生产成本。通过集采、集服、统销等管理模式，农资采购成本降低10%以上，机械作业成本降低10%～15%。推广作业套餐让利客户。公司推出的花生全程机械化作业套餐，包括小麦秸秆还田、耕耙犁、旋耕起垄播种、花生挖掘、摘果五项作业环节，收费260元/亩，免费办理农业保险，比单项作业降低费用50元/亩以上；充分发挥大型车辆多、定价合理等优势，通过基层组织协调推进大面积连片作业，提高车辆作业效率。2019年6月正阳县兰青乡王庄村开展的小麦秸秆还田整村推进，当地作业市场价25元/亩，公司定价18元/亩，全村8 300亩秸秆还田作业被公司全部承包，虽然定价较低，但作业效率提高50%以上，保证了作业收益。

二、经营成效

这些年来，河南农吉通过健全服务机制、规范服务管理、提升服务质量、完善利益分配机制等，取得了良好的经济效益和社会效益，实现多方共赢。

（一）促进了服务对象节本增效

新型机械设备的应用，降低了作业价格，土地深翻由50元/亩降低到30元/亩左右，花生挖掘＋摘果由150元/亩降低到90元/亩上下，全程托管服务亩均节本增效在200元以上。同时，让农户从土地经营中解放出来，外出务工无牵挂；让新型经营主体实现轻资产运营，集中力量发展拳头产业。

（二）实现了机手的稳定增收

大面积集中连片作业提高作业效率50%～100%，跨区作业显著延长了机手的作业时间，如深翻作业时间延长 90 天左右，花生收获作业时间延长 60 天左右，公司机手年作业服务收入在 15 万元左右，比机手单干收入增加 2～3 倍。随着机手效益的增加，加盟农机合作社快速发展壮大，大型车辆平均达到 50 台以上。遂平县诚义农机专业合作社，2018 年加盟河南农吉，大型机械由当时的不足 10 台发展到现在超过 110 台，机手年收入达到 15 万元以上，相比自己单干时增加 2～3 倍。

（三）加快了村集体经济收入增长

参与土地生产托管服务的村集体经济组织，在服务农户和新型经营主体的同时，获得了一定的服务收入，整村全程托管一般每亩可提取服务费 5～10 元，大村可增加集体经济收入 5 万元以上。

（四）调动了生产主体种粮积极性

河南农吉帮助新型经营主体改善了经营状况，一些种植大户纷纷扩大粮食作物种植面积。2018 年遂平县军红农业种植专业合作社全年粮食种植面积 5 200 亩左右，2020 年把土地托管给河南农吉，种植面积扩大到 8 500 亩左右，增加了 63％，粮食生产亩收益增加 15％以上。

河南农吉的社会化服务享誉省内外，中央电视台 2019 年 7 月 3 日经济半小时栏目以《闯出农村就业新天地》为题、2019 年 11 月 18 日央视一套《中国粮的奇迹》第一集、2020 年 4 月 22 日央视一套焦点访谈栏目以《家门口就业破两难》为题，先后报道了河南农吉开展农业社会化服务的情况。国家有关部委、省市有关领导也多次到公司指导，并给予积极鼓励和赞誉。

新农人众创 开创农业社会化服务先例

——平舆县家家丰农技植保专业合作社

编者按： 平舆县家家丰农技植保专业合作社依托"新农人众创 e 站＋合作社基地＋新农人培训＋贫困户"的"新农人新概念的合作经营模式"（全国首创典型）开展社会化服务，服务内容包括农技推广、电商培训、植保服务，提供产、供、销、科、工、贸一体化的新农人众创社会化服务。该模式具有较强的开放共享性，能够吸收广泛的资源并接纳各类经营主体，起到共享共建的良好效果。

平舆县家家丰农技植保专业合作社成立于 2014 年 7 月，注册资本 1 000 万元，参与合作社社员及服务团队 167 人，设有土壤化验及配方施肥站 1 处，有植保无人机 6 架，自走式打药机 3 部，半自动、全自动电动喷雾机 7 个，现代农业绿色生产示范基地 50 亩，白芝麻富硒基地 80 亩、菜薯 1 号繁育基地 30 亩、办公场所 2 处、培训学校 1 所。新农人众创办公室（联合社总部）位于驻新路与创业路交叉口。

一、着力绿色发展

平舆县家家丰农技植保专业合作社，坚持以扎根基层做好农技推广，服务广大新农人务实兴农、实干干实为宗旨，积极推动绿色农业生产，推进农业提质增效，着力服务新型农业主体，提倡适度规模经营，实现小农经济与现代农业的有效衔接。坚持把握推广化肥减量增效，农药减量增效、土壤修复与治理，不断提高绿色防控技术水平，强化引领电商培训、植保飞防、农技推广等领域的发展，提高统防统治覆盖率和技术到位率，实现农业提质增效。近年来,合作社培训了乡村级信息员 200 多名,组建科技志愿者专家服务团队 28 名,他们始终坚持以服务"农村美、农民富、农业强"为导向,以移动信息网络为载体,以合作社基地为示范,开创了集农技推广、电商培训、植保服务,集产、供、销,科、工、贸为一体的新农人众创社会化服务体系。

二、新农人众创农服模式

合作社联合 4 家农民专业合作社,于 2018 年初成立了平舆县归源农业种植专业合作社联合社。同年 8 月又联合 10 多家合作社及专家团队成立了新农人众创农服 e 站。

新农人众创农服 e 站,分为农副产品专业委员会、绿色生产专业委员会、农业机械化服务专业委员会,形成依托新农人众创 e 站＋合作社基地＋新农人培训＋贫困户的"新农人新概念的合作经营模式"(全国首创典型),经营服务包括:农资购销、农技推广、新农人培训、植保服务、土地托管、代耕代种、统防统治、种养加、大棚果蔬、观光采摘、私家菜地、农耕体验、跑马场休闲、养生旅游等。目前以生态农业、土壤修复与深耕治理等作为示范与带动,着力打造新农人电商、农业产业信息化、农机农艺融合、农机手飞手、农产品线上线下及白芝麻标准化推广为一体的社会化服务新模式。

三、互联网十众创

在专家服务团队的支撑下,为满足广大社员及新农人对农业科技的强烈需求,合作社开通了农技热线"5029110",利用现代互联网手段,整合农业网络资源,农业信息资源,以新农人众创主题为抓手,以服务热线为切入点,以数据网络为基础,以新农人众创农服 e 站微信平台、平舆农业科普网为宣传阵地,强力推进农业产业化、信息化发展,以低成本、高效率的智慧农业为新型职业农民提供零距离的服务,为打破科普扶贫"最后一公里"的困境,服务新农人、服务广大贫困户脱贫而奋斗。新农人众创农服 e 站建有服务大厅，成立新农人农服有限公司、新农人技能培训学校、新农人星创天地、创业就业打工直通车服务平台等，开创了"新农人众创"共享服务模式，开展新农人众创植保共享服务、"新农人众创"电商共享服务、"新农人众创"农服共享服务、"新农人众创"办公共享服务、新农人众创"微信群共享"、"新农人众创"年检、会计共享服务等，参与共享服务的有来自新蔡、汝南、正阳和周边市县的 700 多名新农人。"新农人众创"已经在国家商标局注册了 31 类农产品品牌保护及 35 类网络宣传维护许可保护商标。曾在农业农村部管理干部学院合作社高层论坛、中国农技协第五届理事会大会上，合作社就"新农人众创"的经验与做法做了典型发言。

2018 年 4 月 17 日，河南省农产品质量中原行在平舆县新农人众创联合会成功举办。2018 年 5 月 12 日，合作社联合省农科院芝麻研究中心，承接了平奥县白芝麻标准化生产种植及培训项目。2018 年 7 月 6 日，家家丰理事长贾高锋出席了中国农村专业技术协会第五次全国代表大会。2018 年里河南省新华分社曾两次前往新农人基地宣传报道。

【链接】农业农村部关于印发《新型农业经营主体和服务主体高质量发展规划（2020—2022 年）》的通知（节选）

农政改发〔2020〕2 号

第四章　促进农民合作社规范提升

一、提升农民合作社规范化水平

指导农民合作社制定符合自身特点的章程，加强档案管理，实行社务公开。依法建立健全成员（代表）大会、理事会、监事会等组织机构。执行财务会计制度，设置会计账簿，建立会计档案，规范会计核算，公开财务报告。依法建立成员账户，加强内部审计监督。按照法律和章程制定盈余分配方案，可分配盈余主要按照成员与农民合作社的交易量（额）比例返还。（部合作经济司负责）

二、增强农民合作社服务带动能力

鼓励农民合作社利用当地资源禀赋，带动成员开展连片种植、规模饲养，壮大优势特色产业，培育农业品牌。鼓励农民合作社加强农产品初加工、仓储物流、技术指导、市场营销等关键环节能力建设。鼓励农民合作社延伸产业链条，拓宽服务领域。鼓励农民合作社建设运营农业废弃物、农村厕所粪污、生活垃圾处理和资源化利用设施，参与农村公共基础设施建设和运行管护，参与乡村文化建设。（部合作经济司、计财司、乡村产业司、社会事业司、市场司、科教司负责）

三、促进农民合作社联合与合作

鼓励同业或产业密切关联的农民合作社在自愿前提下，通过兼并、合并等方式进行组织重构和资源整合，壮大一批竞争力强的单体农民合作社。支持农民合作社依法自愿组建联合社，扩大合作规模，提升合作层次，增强市场竞争力和抗风险能力。（部合作经济司负责）

四、加强试点示范引领

深入开展农民合作社质量提升整县推进试点，发展壮大单体农民合作社、培育发展农民合作社联合社、提升县域指导扶持服务水平。持续开展示范社评定，建立示范社名录，推进国家、省、市、县级示范社四级联创。认真总结各地整县推进农民合作社质量提升和示范社创建的经验做法，推介一批制度健全、运行规范的农民合作社典型案例。（部合作经济司负责）

（一）农民合作社服务能力提升

支持制度健全、管理规范、带动力强的县级以上示范社和联合社应用先进技术，提升绿色化标准化生产能力，建设分拣包装、冷藏保鲜、烘干、初加工等设施，开展绿色食品、有机农产品认证，发展地理标志农产品，提高产品质量水平和市场竞争力。（部合作经济司、监管司、计财司负责）

（二）国家示范社管理信息系统建设

完善国家农民合作社示范社评定和监测指标，完善国家示范社管理信息系统，重点对国家农民合作社示范社运行进行动态监测。（部合作经济司负责）

资料来源：中华人民共和国农业农村部。

◼ 点 评 ◼

　　通过联合的方式构建多元社会化服务体系能够降低交易成本，提高农业生产效率。洛阳市健稷农业科技产业园是通过现代农业产业园的形式提供农业社会化服务，河南农吉农业服务有限公司是通过公司多环节专业化服务方式提供农业社会化服务，而淮滨中信种植专业合作社联合社和平舆县家家丰农技植保专业合作社则是通过合作社联合社的方式提供社会化服务，分别给予我们不同启示。

　　洛阳市健稷农业科技产业园以河南永丰面业为主的产业化联合体模式进行运作，采取"公司＋基地＋合作社＋农户"的模式建设现代农业产业园。在粮食生产加工服务上，主要是由永丰面业与园区合作社、家庭农场形成联合体，通过订单种植带动农户。在这一环节中，联合体的出现使得小农户由原来的分散状态转变为聚合状态，降低了小农户与龙头企业交易的信息搜集成本等交易成本。在优势产业的技术和产销培训服务上，产业园内配有农民工返乡创业基地，为农户提供葡萄管理及种植技术培训。一般来讲，基地多是依托区域的独特优势建立的，基地按发起方的不同分为政府型、公司型和自发型，案例中的基地建设以偃师市健稷农产品产销专业合作社为主体，属于自发型模式，为农民提供了创新创业平台。在农产品的物流配送服务上，主要是由粮油送（物联网）洛阳有限公司提供农产品的运输服务。在农业信息资源服务上，依托园区电子商务资源承建偃师市益农信息社县级运营中心，为农户解决农业生产上的产前、产中、产后问题，实现小农户及新型农业经营主体便捷、高效、经济的信息服务。通过洛阳市健稷农业科技产业园这一案例可以发现，现代农业产业园将一二三产业更加紧密地融合在一起，提供农业社会化服务的同时创造出了更多的就业岗位，既提高农户的农业生产水平，也能够提高农户的生活水平。但与此同时，我们也应该注意，现代农业产业园在追求经济利益，引入各类公司的同时，仍应牢记以人为本，农户受益的核心理念，发挥好现代农业产业园在发展现代农业，提高农户福祉中的作用。首先，应该继续引导园区内具备提供农业社会化服务的企业，发挥自身优势，将先进的生产要素引入到农业社会化服务中，特别是新技术、新产品、新装备的开发和推广。其次，现阶段，园区与农户的利益联结机制处于起步阶段，提供的农业社会化服务的种类较少，仅仅通过订单农业、技术培训和提供就业岗位等方式，机制创新不足。因此，加强园区与农户的联结，要尽可能地满足农户农业的产前、产中和产后环节所需要的社会化服务，通过整合资源降低成本，激发农户对农业社会化服务需求的主动性和积极性。

淮滨中信种植专业合作社联合社以合作社联合社的方式提供农业社会化服务。顾名思义，"合作社联合社"由多个专业合作社组合而成，能够进一步释放农户合作潜力，是合作社发展到一定阶段的产物。合作社联合社的合法地位最早是在 2017 年 12 月新修订的《中华人民共和国农民专业合作社法》中被赋予的。合作社联合社的形式多种多样，涵盖农业生产的各个环节，如生产型联合社、销售型联合社等。联合社较传统的单一合作社具有更加齐全的生产要素和更为有利的市场谈判能力，可以帮助农户达到延长产业链，降低生产成本，扩大市场的目的。在淮滨中信种植专业合作社联合社的案例中，合作社联合社借助淮滨县供销社生产服务设施基地开展农业社会化服务，形成从种到收"一站式"综合服务平台。联合社打造智能化生产服务，通过公众号建立"服务超市"，提供"农业课堂、托管服务、购销服务、政策解读、监督投诉"等服务。可以看出，该联合社在硬件和软件上都具备较多的资源，有利于开展农业社会化服务。在农业生产服务中，联合社通过大田托管、"套餐式"、"菜单式"等模式提供全托管或半托管服务，在实践过程中首创的水稻点播模式被纳入当地政府的推广计划。在植保服务中，联合社凭借其劳动力优势，组建20人病虫害防控大队，开展无人机飞防服务。在良种推广服务中，联合社承接整村推进种植弱筋小麦、优质水稻的工作，引导农民种植弱筋小麦、优质水稻。在农产品加工服务中，联合社作为农户的代言人，积极寻求与龙头企业的合作，形成"公司＋合作社＋农户＋品牌"的产业化经营模式，达到合作共赢的良好效果。总结淮滨中信种植专业合作社联合社在社会化服务中取得成效的原因，无外乎有两点，联合社具有规模效益和谈判实力，规模效益体现在以联合社为依托打造的区域性服务基地和服务平台，社会化服务的供需双方在基地和平台中汇集，降低了双方的交易成本并提高了农业生产的效率，然而，单个合作社往往缺少相应的资金和政策优惠，并不具备这样的能力。谈判实力体现在与龙头企业的谈判中，联合社作为农户的代言人凭借其自身的影响力和规模具有较高的议价能力，能够为农户争取更多的利益，而单一合作社由于自身规模限制和影响力弱等原因，往往缺少足够的"底气"打破谈判中龙头企业"一言堂"的现象。

河南农吉农业服务有限公司通过公司多环节专业农机服务的方式提供农业社会化服务。农吉依托河南农有王农业装备科技股份有限公司的农机研发和技术优势，借助其市场和网络资源，秉承"不让小农户为种地作难，不让新型经营主体过多投钱"的服务理念，以"公司＋县级分公司＋农机合作社＋机手"为基本经营模式，以农业生产的耕、种、防、收等多环节专业化的农机服务为主要内容，以新装备、新技术应用和高素质的专业队伍建设为基本保证，以完善的利益联结机制为重要补充，以集聚优秀农机手、打造专业化队伍、开展标准化服务为基本保障措施，推动了生产经营向生产和服务相结合的方向转变，实现了多方共赢，闯出了一片社会化服务新天地。

平舆县家家丰农技植保专业合作社通过"互联网＋专家团队＋合作社联合社"组成新农人众创农服c站的模式提供农业社会化服务。该模式是合作社联合社提供社会化服务的延伸，凝聚了"互联网＋"和专家团队的力量，并在联合社发展中凸显"新农人"这一具备现代农业生产技能和科学文化素质的群体。在农业社会化服务的方式上，该模式主要依托"互联网＋"、服务热线等信息媒介，为新型职业农民提供便捷服务。在农业社会化服务的内容上，该模式不仅提供农资购销、农技推广、植保服务、土地托管、代耕代种、统防统治等传统服务，还涉及新农人电商、新农人培训、标准化生产等新型社会化服务。平舆县家家丰农技植保专业合作社的独特之处有两点：一方面，在于该合作社善于利用"互联网＋"增强农户之间的信息共享和传递，实现平台内的农户共享农业社会化服务；另一方面，在于结合合作社联合社这一新型农业经营主体，通过技能培训、创业就业培训、电商服务等促进农村人力资本的积累。

推进农村托管服务　实现多方共赢

创新生产托管模式　助力农业"智慧"转型

——河南省清丰县惠农农机农民专业合作社

编者按： 河南省清丰县惠农农机农民专业合作社成立了"全程机械化＋综合农事"服务中心，通过小农户土地托管服务和种植大户订单服务的模式，打造了农业生产中的农机作业、农资供应、农技指导、病虫害防治等配套的一站式服务；开展"合作社＋村集体＋农户"农业生产托管模式，使合作社、村集体和被托管农户依靠制度创新和科学种植实现三方共赢；搭建"MAP智农"管理平台，实现了从标准化到精准化再到智慧化的发展，提高了服务效率。

河南省清丰县惠农农机农民专业合作社位于河南省清丰县仙庄镇，成立于2015年，注册资金200万元。现有社员117人，占地面积6500平方米，其中机库棚1500平方米、维修间200平方米、培训室160平方米、实训场地2000平方米、综合农事服务厅400平方米、便民信息服务室100平方米。拥有收获机械69台，大马力拖拉机57台，植保飞行器7台，土壤检测仪2台，并有深松机、自走式高效植保机、节水喷灌机、免耕播种机、红薯机械等新型农机具96台套。

一、完善服务模式，满足不同需求

惠农合作社努力打造"服务品牌"，具备年服务面积 2.2 万亩的能力。2017 年来，累计实现了 10 万多亩次农业生产服务，带动周边 1 200 多个小农户和现代农业生产有机衔接。

（一）创新机制积极服务小农户

开展"合作社＋村集体＋农户"农业生产托管模式，通过村集体整合土地，使其成方连片 500 亩以上，以合同形式委托给合作社经营；在农业生产托管模式下，管理上做到"种、肥、水、植保、收、储"六统一。2019 年合作社共托管土地 1.2 万亩，作业服务 1 200 户农户，极大促进了小农户与农业现代化发展有机衔接。

（二）多种模式积极对接种植大户

合作社根据用户需求不同，制定了单环节托管、多环节托管、关键环节综合托管和全程托管等多种托管模式，不断满足新型农业经营主体的服务需求。通过科学种植，帮助农户打造示范家庭农场，帮助农户种出好品质、卖出好价钱，提升新型农业经营主体的生产水平。2019 年实现服务新型经营主体 26 家，完成深耕深松 7 000 亩、种肥同播 6 000 亩、农作物统防统治 9 000 亩、收获 5 000 亩、技术培训 150 人次，为种植大户节约了 10％的生产成本。

（三）搭建中化"MAP 智农"管理平台

合作社与中化现代农业河南有限公司达成了战略合作协议。运用中化 MAP 智农智慧农业服务平台，推动物联网、大数据、智能控制、卫星定位导航等信息技术在管理、农机作业、农机装备上的应用，线上打造智慧农业平台，实现地块可视化管理、遥感巡田管理、农作物遥感检测、农机作业调度、服务下单、农田精准气象、病虫害预警等智慧管理，线下科学安排人、机、地的合理搭配，实现有序的农机作业和转场。一部手机就可以做到买农资、用农机、问专家、看农田。2020 年疫情期间，清丰县城关镇种植大户姚玉萍依靠合作社的智能服务平台服务，根据合作社的农机、农资、农技等农事综合服务套餐，通过智农 APP 客户端预约下单，1 000 多亩小麦得到了及时的追肥和植保防治，解了燃眉之急。

二、开展综合服务，助力现代农业

（一）开展"全程机械化＋综合农事"服务

合作社围绕破解"谁来种地""怎么种地"等问题，成立了"全程机械化＋综合农事"服务中心，打造了农业生产中的农机作业、农资供应、农技指导、病虫害防治等配套的一站式服务，不断满足小农户和新型农业经营主体的服务需求。建立村级服务站，通过村集体整合土地，使其成方连片 500 亩以上，以合同形式委托给合作社经营。为使服务有效落地，服务站负责人为村两委人员，以便托管政策上传下达。每村服务站配备 1～2 名农事专员，专员入选为农机手或粮食集并人，由合作社负责培训，在管理上做到"种、肥，水、植保、收、储"六统一。

（二）积极推广农机新技术

合作社通过自建作业服务队，连续推广了玉米小麦保护性耕作、农作物高效植保、喷灌机节水灌溉、土地深耕深松整地等农机绿色作业，争取把先进的现代农业绿色发展新技术应用到一线。2017 年以来，已累计举办农机新技术新机具绿色作业演示会 20 多场，累计实现了小麦免耕播种 4 万亩、玉米免耕播种 5.6 万亩、秸秆还田 8.9 万亩、高效植保 5 万亩、节水灌溉 2 万亩、土地深耕深松整地作业 4.5 万亩。合作社积极服务地方农业特色产业发展，通过组建红薯生产作业队，在红薯全程机械化推广和作业上有了新突破。2018 年合作社承担了清丰县 2 万亩红薯全程机械化作业服务项目，实现了红薯生产的灭茬、旋耕、施肥施药、起垄、打药、喷灌、打秧、收获等环节的综合服务。

（三）开展农机维修服务和技术培训

合作社有农机维修技术工 5 人，维修服务车 2 辆，配备了电脑检测设备、清洗拆卸设备等多种专用维修设备，农机维修能力远近闻名。合作社提出了"质量为本、便捷高效、诚信服务、热线咨询"的口号，受到了服务社员和农户的欢迎，得到了山东潍柴、山东五征、山东巨明、常州东风、天津勇猛、久保田等农机生产企业的肯定，纷纷在该社建立了售后维修服务站。2019年维修农机600多台次，年维修收入近20万元。累计举办无人机植保、茎块挖掘机械等培训班10期，累计培训人员600人次，培养了一批懂农业、爱农村、爱农民、爱农机的一线农机技术人才。

（四）扩展服务范围承担社会责任

一是定点帮扶助力脱贫攻坚。合作社积极开展助贫服务活动，吸收贫困户进社，对无劳动能力的，托管土地并免除部分生产服务费；对有劳动能力的，招聘为农机手或浇水队员，通过免费技能培训、使其掌握一定的农业农机技术，参与到农业生产中来。合作社吸纳10名贫困户成为社员，年每人作业收入3.5万元，实现了脱贫。二是勇于实践助力环保攻坚。2019年"三夏"小麦收割过程中，合作社自费组织人员参观学习外地经验，并举办现场演示会，通过对比实验，得出收割机加装降尘对抑制扬尘切实有效的结论。合作社不仅给社员的全部收割机都加装了降尘设备，还为全县作业的其他收割机免安装费加装降尘设备，共安装1 000余台，并派出技术人员下乡跟踪服务，巡访指导机手使用，大大减少了扬尘污染。三是主动作为投入疫情防控。新冠肺炎疫情暴发以来，合作社组织骨干农机手10名、每日出动3台植保无人机、4台喷杆自走式打药车、2台服务

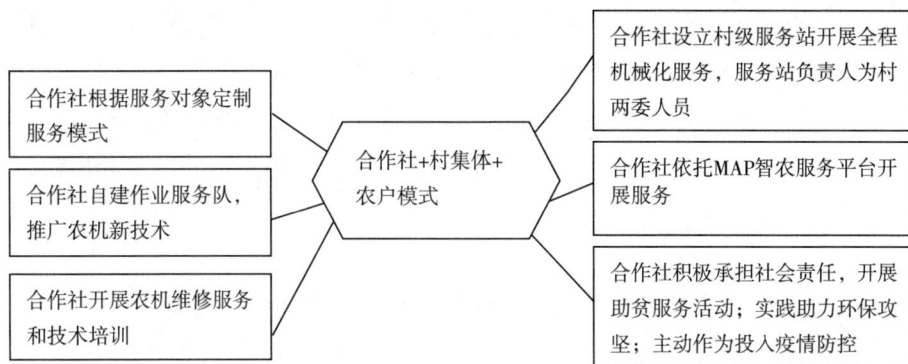

河南省清丰县惠农农机农民专业合作社开展农业社会化服务

车，分为两个班组，一组在县城，一组在乡镇，免费为县城街道、村庄、社区和乡镇主干道义务喷洒消毒液，每天喷洒消毒液近一万千克。完成30个村、12个小区、15条城市街道、2个广场、2个公园的义务防疫消杀作业，累计消杀作业面积500多万平方米。

三、服务成效彰显，促进三农发展

（一）经济效益明显

"合作社＋村集体＋农户"农业生产托管模式，使合作社、村集体和被托管农户依靠制度创新和科学种植实现三方盈利。如巩营乡兑堂村以村集体名义与惠农合作社签订整村全程托管合同，将该村2 270亩土地整建制托管。该村全程托管后废除了田埂、沟壑、多余的生产路，净溢出土地21亩，其产生的纯收益0.9万元全归村集体，当年村集体管理费和分红收益2.2万元，壮大了集体收益。参与农户327户，户均亩增收89元，净增收益18.6万元。农户说："帮我们足不出户就能轻松完成农事，更省心、省力和省钱，合作社的套餐服务就是好，比我们自己种的还好。"

（二）社会效益显著

惠农合作社"你的地，我来种"的农业生产托管，积极服务小农户的做法，受到了广大农户的欢迎和社会各界的好评。合作社已经获得"清丰县支持产业发展先进企业""濮阳市农民合作社示范社""河南省平安农机示范社""河南省植保专业化优秀服务组织""河南省农机合作社示范社"等诸多荣誉称号。一天三上央视！2020年2月29日，央视一套《朝闻天下》、《新闻联播》和央视财经频道《经济信息联播》连续报道惠农合作社创新"土地托管"模式确保春耕备耕、全力抓好春耕生产的经验和做法。

（三）促进农业精准化生产

通过中化智农MAP的深入应用，规范种植过程、降低运营管理成本，全程溯源品控，实现种植数据化，形成了精准化的在线生产调度，实现了农业生产质量监测、大田物联网服务、粮食收购闭环管理。2019年对清丰县常氏种植合作社的 300 亩红薯安装了智能水肥一体化系统。MAP 智农结合红薯生理，根据土壤水分温度、降水趋势等相关参数自动反馈控制灌溉，预测红薯病虫害的发生，实现红薯的精准灌溉、精确施肥、及时控旺和虫害防治，做到了科学种植，精细管理，达到了省水节肥的目标。种出的红薯产量上亩增产 400 斤，由于薯相较好，价格高于市场价 0.35 元/斤，每亩增收 140 元，共增收 4.2 万元。

(四) 促进了农业绿色发展

合作社累计推广农机新技术绿色作业 15 万亩，绿色技术的应用，节约了水肥药，保护和涵养了耕地。落实了"藏粮于技"战略，助推了农药、化肥负增长行动。据测算，通过开展绿色社会化服务，每亩可节水 50~200 立方米、减少化肥投入 15~30 千克、农药用量下降 10%~25%、粮食增产 8%~12%。

▦ 【链接】MAP 智农

MAP（Modern Agriculture Platform）战略以推动"土地适度规模化"和利用现代农业科技"种出好品质、卖出好价钱"为突破口，以集成现代农业种植技术和智慧农业为手段，以农产品品质和种植效率提升为核心，提供线上线下相结合，涵盖农业生产全过程的现代农业综合解决方案。通过全方位农业种植水平的提高，最终实现农业产业价值提升和种植者效益提高。

MAP 智农，以智慧农业实现现代化农场管理为核心，利用现代农业技术，为大田作物提供精准种植平台。以专业化的视角，实现地块管理；遥感观测作物长势，精准气象，农事管理，农事提醒，病虫害预警，农联网等为大田作物提供精准种植服务，帮助种植户有效管理农场，降低生产成本，提高产量。

地块管理：利用 MAP 智农平台，实现在地图上管理地块，使地块全景、地块详情一览无余。

遥感观测：利用卫星、无人机等手段进行遥感观测，生成 NDVI 图像分析作物长势，减少人工巡田成本，提升农场效率。

精准气象：以 1.1 千米精细气象数据，提供精准的气象预测数据服务。实现 48 小时精细化预报，以及未来 15 天预报，实时进行格点式农业气象数据查询。收集历史气象数据，提供气象参考，为农业生产提供有效支撑。

农事管理：在地图上实现进度可视化管理，通过 MAP 智农平台实现定制和管理农事作业计划，并按照作业计划展开农事活动，记录农机作业轨迹，农事进展情况在地图上一目了然。

农事提醒：不同的作物生长需要进行相应的农事活动，MAP 智农平台通过精准的种植方案，为种植户做出准确及时的推送提醒，引导农事人员作业，实现适宜的时间做合理的农事，提高农事作业及时性和作物质量。

病虫害预警：MAP 智农结合作物生理，根据温度、降水趋势，预测病虫害的发生，提前预警，提前防治，从而减少损失。

农联网：结合物联设备数据，分析并形成精准种植解决方案。通过采集气象，土壤墒情等数据，对设备进行远程控制，及时有效处理问题，减少人工成本。

资料来源：中国中化集团有限公司农业事业部。

立足镇情村情　壮大集体经济

——鄢陵县东坡农机服务专业合作社

编者按：鄢陵县东坡农机服务专业合作社是陶城镇十室村"两委"自行组建的服务型专业合作社。村集体充分发挥集体经济组织"统"的作用和优势，整合零散土地集约生产，推动了村集体经济的发展。合作社对农户提供租赁、"全托管"和"半托管"的多样化服务选择，实行"基地十公司十农户"运营模式，凭借合作社在村庄的优势产业，与公司签订服务购买合同，采用"五统"服务模式，积极开展农机社会化服务，推广农机新技术。

一、基本情况

鄢陵县东坡农机服务专业合作社是陶城镇十室村"两委"自行组建的服务型专业合作社，成立于 2016 年 1 月，注册资金 300 万元，成员 20 名，专业技术人员 2 人，从业人员 32 人，配备有大型收割机 8 台、大型拖拉机 8 台、农机具 16 台。合作社坚持"村办、村管、村民受益"的原则，制定了健全的财务制度、管理制度，设立了信息、维修、培训等服务机构，立足镇情村情，助力集体经济发展壮大。

二、主要做法及成效

(一)"两委"牵头组建

2015 年 1 月，在村"两委"班子换届后，为了找到一个切实可行的致富方法和途径，破解经济发展后劲不足、农民增收缓慢的瓶颈，村

"两委"召集班子成员、党员及村民代表共同研究，集思广益，寻求发展方法，即打破一家一户小规模生产模式，立足市场需求，全面解放劳动力，依靠先进的技术，提高农业集约化和机械化生产，倡导农业现代化思路，使农民从繁重的劳动中解脱出来，减少农业人力投入，加快农业结构调整，提高农业产出，一致决定成立以农业机械化服务和整合零散土地集约生产为主的合作社。在此基础上，村"两委"把村集体经济发展试点项目投入到农机合作社，既快速推动整村农业经济发展，又为村集体带来了收入，壮大了村集体经济。

（二）开展"多元化"服务

多年来，农民仍是以家庭为单位独立经营，收入低、致富能力弱，抗风险能力差。合作社成立以后，把农户闲散资金、土地等资源整合起来，壮大集体力量，组织他们参与产业化生产、发展优质高效的现代农业，走规模化、产业化、现代化农业发展之路，大大提高了农民的农业收入水平。为了给农户更多选择自主权，合作社在不改变农户土地承包权的前提下，为农民提供三种服务模式。一是农户将承包地以几年或一年时间出租给合作社经营，租赁款以现金结算或以定额数量粮食结算。二是农户自主经营土地，由合作社提供全程机械化服务，农户向合作社交纳相应的服务费。三是农户在粮食生产过程中，可选择合作社为其提供部分环节的机械化服务，并按市场行情交纳相应的服务费，日常田间管理由农户自己承担。

（三）实行"基地＋公司＋农户"运营模式

合作社充分利用本村的优势产业，主动与农机公司签订合作协议，由农机公司以入股的形式注入资金，购买农业机械等先进设备，壮大了合作社实力。同时，合作社积极参与农业产业化的推进，"基地＋公司＋农户"的经营模式，提高了合作社的组织化程度，实现了农业产业化、集约化经营，推进了农机作业服务的社会化和市场化进程。2017 年，东坡农机合作社和三河湾种业公司签订合同，为本村 1 200 亩麦田统一提供种子、农药、化肥，统一机耕，统一机播，统一病虫害防治，统一收割的"五统"模式，为本村 5 000 多亩深耕深松。

村集体（村两委）领办合作社	公司入股合作社提供社会化服务	农户可选择多种服务方式
优势： 　1.依托村集体经济试点项目发展合作社，获得专项资金的优惠信贷支持和政策性补贴。 　2.村两委作为合作社的发起人，对外便于联系企业和政府部门，对内便于以村庄为单位整合农民分散经营的土地、劳动力等资源，汇总村民社会化服务需求	**优势：** 　1.通过入股合作社，利用合作社内部的信息共享，来减少企业因为信息不对称而面临监督和协调农户等方面的困难，从而建立稳定的购销关系。 　2.发挥企业在资金、技术、管理和市场信息方面的优势，通过提供先进的机械设备，加快农业现代化	**获益：** 　1.农户加入合作社，接受合作社提供的社会化服务，起到节本增效的目的。 　2.针对不同类型的农业经营主体的特点，充分尊重其意愿，农户可自主选择服务内容。 　3.解放劳动力，使农民有更多机会参与务工、经商等非农经营活动，进一步增加收入

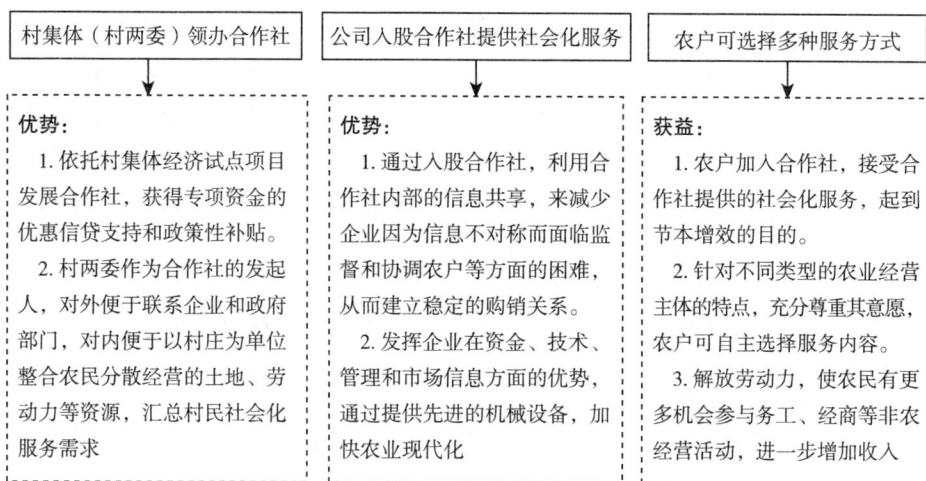

"村集体＋合作社＋公司＋农户"模式提供社会化服务

（四）积极开展农机社会化服务

合作社注重加快农机新机具、新技术推广步伐，开展农机社会化服务，实现经济效益和社会效益双丰收。据统计，合作社2016年开展机收机耕作业1.1万亩、农机作业总收入65万元，农机作业纯收入达到10.5万元。同时，积极开展社会公益活动，合作社对"五保户"采取免费服务，对留守妇女家庭根据家庭情况减免服务收费，受到广大群众的好评。

（五）积极推广农机新技术

合作社定期举办农机技术培训班，为合作社成员及农机手提供了学习交流的平台。合作社成立来，先后选派合作社成员参加农机部门举办的新型职业农民农机技术培训班4期，2016年培训了48名农机手，2017年对43名农业技术人员进行培训，为机手安全作业提供了技术保障，也为农民传播了科学技术。

三、下一步发展方向

下一步，合作社将进一步规范合作社运作机制，充分借鉴先进合作社较为成熟的管理模式，坚持"优质服务、诚信经营"的发展理念，抓管理，促效益，提高合作社凝聚力，激发社员的创业热情，推动合作社经营再上一个新台阶。进一步提升社会化服务能力，在互联网上设立自己的信息平台，及时发布合作社业务信息，寻求更大、更强的合作伙伴，扩大业务订单，把东坡农机合作社发展为可承担多项业务、社会化服务能力强、经济效益可观的综合性合作社，助力集体经济发展。

▓▓ 【链接】关于开展农民合作社规范提升行动的若干意见（节选）

三、增强服务带动能力

（九）发展乡村产业。鼓励农民合作社利用当地资源禀赋，带动成员开展连片种植、规模饲养，提高标准化生产能力，保障农产品质量安全，壮大优势特色产业。引导农民合作社推行绿色生产方式，发展循环农业，实现投入品减量化、生产清洁化、废弃物资源化利用。支持农民合作社开发农业多种功能，发展休闲农业、乡村旅游、民间工艺制造业、信息服务和电子商务等新产业新业态，培育农业品牌，积极开展绿色食品、有机农产品认证，加强地理标志保护和商标注册，强化品牌营销推介，提高品牌知名度和市场认可度。（农业农村部、文化和旅游部、市场监管总局、林草局、知识产权局等负责）

（十）强化服务功能。鼓励农民合作社加强农产品初加工、仓储物流、技术指导、市场营销等关键环节能力建设。鼓励农民合作社延伸产业链条，拓宽服务领域，由种养业向产加销一体化拓展。发挥供销合作社综合服务平台作用，领办创办农民合作社。支持农民合作社开展农业生产托管，为小农户和家庭农场提供农业生产性服务。鼓励农民合作社和农民合作社联合社依法依规开展互助保险。（农业农村部、财政部、银保监会、林草局、供销合作总社等负责）

（十一）参与乡村建设。鼓励农民合作社建设运营农业废弃物、农村垃圾处理和资源化利用等设施，参与乡村基础设施建设，发挥其在农村人居环境整治、美丽乡村建设中的积极作用。引导农民合作社参与乡村文化建设。（发展改革委、财政部、住房城乡建设部、农业农村部、文化和旅游部、供销合作总社等负责）

（十二）加强利益联结。鼓励支持农民合作社与其成员、周边农户特别是贫困户建立紧密的利益联结关系，鼓励农民合作社成员用实物、知识产权、土地经营权、林权等可以依法转让的非货币财产作价出资。鼓励农民合作社吸纳有劳动能力的贫困户自愿入社发展生产经营。允许将财政资金量化到农村集体经济组织和农户后，以自愿出资的方式投入农民合作社，让农户共享发展收益。（农业农村部、财政部、林草局、扶贫办等负责）

（十三）推进合作与联合。积极引导家庭农场组建或加入农民合作社，开展统一生产经营服务。鼓励同业或产业密切关联的农民合作社在自愿前提下，通过兼并、合并等方式进行组织重构和资源整合。支持农民合作社依法自愿组建联合社，增强市场竞争力和抗风险能力。不得对新建农民合作社的数量下指标、定任务、纳入绩效考核。（农业农村部等负责）

资料来源：中华人民共和国农业农村部。

创新农业经营方式　提升农业生产效益

——商水县天华种植专业合作社

编者按： 商水县天华种植专业合作社针对劳动力常年外出务工，小农户生产效率低下却不愿意流转土地经营权等问题。结合实际情况，在实践中总结经验，以开展全程托管服务为主，提供"村委＋农户＋合作社服务"的整村托管和"土地托管"等多种模式的粮食生产全产业链托管服务，取得农业生产提质增效、农民增加收益、集体经济得以发展的良好效果。

商水县天华种植专业合作社在多年的农业服务中，发现农村常年外出务工人口在 30 万以上，留守在家的多是一些老人、儿童及妇女，从事农业生产力不从心，进行现代农业种植更不现实，但出于惜地心理，又不想把土地流转给别人；与此同时，合作社也面临怎样把机械充分利用起来，更好地服务成员和周边农户的问题。针对这种情况，合作社于 2010 年大胆提出了"你在外打工挣钱、我在家帮你种田"，尝试"土地托管"服务，对不愿意流转的土地，收取一些费用，提供播种、日常管理、收获等服务，土地收成全部归农户，从而把土地集中起来，实现了规模化、集约化种粮。现代农业技术和大型农业机械得以发挥作用，实现了小农户个体经营和现代农业发展的有机结合。

一、基本情况和背景

商水县为全国重要的粮、棉、油生产基地，全国粮食先进县，天华种植专业合作社位于豫东平原的商水县魏集镇许寨村。合作社注册资金

2 000万元，拥有成员400多户，粮食耕种面积发展到36 400亩，其中流转入股土地2 000亩，托管土地34 400亩，辐射带动周边4个乡镇近30个行政村4 000多户农户。2017年，合作社成员分红达420多万元。

合作社按照党中央"以推进农业供给侧结构性改革的工作为主线，在确保粮食安全和重要农产品有效供给的基础上，扎实推进农业结构调整，把农业农村经济转型升级提升到新水平"的指导思想，通过不断摸索，创新实施了"土地托管""粮食银行"等做法，现已发展为集种植、管理、收储、销售、农机、植保服务于一体的综合性农民专业合作社。合作社在农业社会化服务方面的贡献尤其突出，2012年荣获国家农民合作社示范社。2012年理事长刘天华在"全国农民专业合作社经验交流会"上作了典型发言。2015年1月，刘天华作为全国唯一农民合作社代表参加了李克强总理主持召开的"教科文卫界人士和基层群众代表座谈会"，并做了发言，2015年刘天华被评选为全国劳动模范。

二、主要做法

（ ）土地托管做法

天华合作社在相关政策帮扶下，建立了标准化仓库、大型烘干设施，农业基础设施进一步完善，为土地全托管打下了良好基础。为了提高服务质量让农户更有选择性，一是土地半托管，也就是农户根据自己的实际情况，按合作社推出的菜单式服务项目，委托给合作社管理，合作社按劳务项目获得报酬。二是土地全托管，也就是全年两季托管。农户把土地全权交给合作社管理，只需预交一定费用，合作社为农户提供一年当中粮食生产的"一条龙"全程服务。

（二）整村土地托管做法

为了在乡村振兴中发挥自身优势，天华合作社在2017年尝试采用"村委＋农户＋合作社服务"的以村委为主导、合作社提供服务的全新整村土地托管模式，让土地托管变成系统化的农业社会化服务经营模式。天华合作社招聘培训的大学生直接驻村，进行种植技术、种植管理全程指导。以魏集镇许寨村为例，天华合作社在当地发展土地托管已经 8 年了，土地托管模式已经得到了当地农户认可，在许寨村村委的牵头下，村民可以拿着土地确权证书去村委登记，以土地入股的形式把土地交给村委管理，村委将农业生产服务外包给合作社，村集体拥有直接监督权、管理权。这种模式能够充分发挥村民自治组织选举产生的领头人优势以及增强村党支部的权威性、凝聚力，实现合作社组织低成本发展，推进生产托管服务。土地托管 30％的纯利润作为村集体收入，天华合作社对于贫困户不收取任何托管费用，村集体收入 60％和合作社收入可用来补助贫困户托管费用（图 1）。

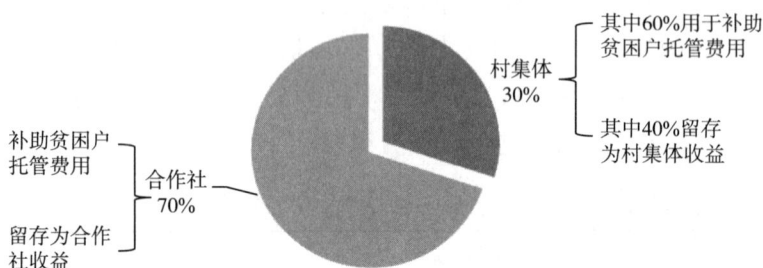

图 1　商水县天华种植专业合作社整村托管利润分配

（三）粮食银行做法

2011 年商水县天华种植专业合作社为了合作社健康发展，加强合作社服务体系建设，建立了粮仓，建起了群众的"粮食银行"，粮食银行是一种采取市场化运作，吸收农民手中余粮"储蓄"，"储户"可凭"存粮本"随时提取、购粮、折现的新型粮食经营业态。农户走进粮食银行，就好像走进了商业银行的储蓄所，只不过存取的内容从现金变成了粮食。商水县天华种植专业合作社通过粮食银行提供的存储服务，农民把余粮存入粮食银行后，不仅安全放心，而且较好地解决了农家日常粮食储藏保管等方面不科学和占地等问题，解决了农户粮价波动的顾虑，提高粮食产业经营效益，促进现代农业发展，保证国家粮食安全。粮食银行有 3 种存取模式：一是存户要钱的话，按照当时的价格，直接支付现钱。二是存户活期存粮模式，粮食存入粮食银行后，月利息 5 厘。三是定期存粮模式，粮食存入粮食银行后，定期一年：每斤加价 6 分钱利息，例如：存入价格每斤 1.2 元，兑换时小麦按每斤 0.26 元计算。定期两年：每斤加价 0.15 元利息。

储户可根据自身实际情况选择存粮类型，有活期、定期等多种结算方式。凭存折可在服务站任意网店支付现金，在与合作社对接的超市兑换生活用品，也可以支付土地托管等农资、农机服务费用。

合作社粮食银行与土地全托管模式无缝对接，产生了相互支持、相互促进的效果。商水县天华种植专业合作社土地全托管生产的粮食，收获后由服务队拉到粮食银行，过磅后扣除托管费，剩下的存进粮食银行，给托管户发一个存粮本，整个服务流程就完结了。

农户把大量的粮食存在商水县天华种植专业合作社，形成一笔不小的可快速变现资产，间接缓解了合作社资金问题。粮食价格高的时候，粮食银行卖出部分粮食，变现形成发展资金和获得较高的收益。有了资金的支持，商水县天华种植专业合作社不断扩大经营规模，购买农机等生产资料，延伸农业产业链条（图 2）。

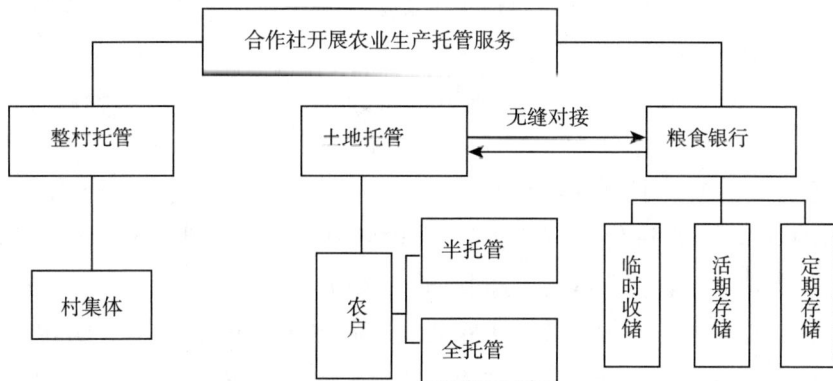

图 2　商水县天华种植专业合作社提供农业社会化服务模式

三、取得的成效

刘天华算了一笔账，全程托管一亩地，合作社收费 660 元，成本 540 元，合作社每亩净赚 120 元。农户小麦、玉米两季农民每亩地可以少投入 295 元，收入 2 100 元，扣除 660 元托管费，还能赚 1 440 元，比农民自己种地多赚 400 多元，还省心省力。

2018 年商水县天华种植专业合作社整村推进土地托管 9 个行政村，共辐射 4 个乡镇 22 702.5 亩。其中贫困户 476 户，贫困户免费托管服务面积 1 983.2 亩，合作社土地托管预计总盈利 272.4 万元，扣除免费托管费用（贫困户）130.9 万元，村集体总收入 32.69 万元。村集体平均收入 36 324 元，合作社收入 108.85 万元。

整村土地托管实现了贫困户直接脱贫。现在贫困户都有企业带贫项目建设帮扶的每年 1 500 元收入，加上土地零投入，夏季小麦每亩收益 1 100 元，秋季收入 790 元，年每亩收益 1 890 元，一亩地总收益 3 390 元。

这种模式受到了河南省武国定副省长的批示支持。整村土地托管既增加农户收入，也增加了村集体收入，还帮扶了贫困群众，为乡村振兴奠定了基础，又能在扶贫攻坚上促进脱贫工作，让村委村集体参与进来，提高了村集体的凝聚力。村集体拥有直接监督权、管理权，最大限度地保证了农民对土地的经营权和收益权，最终收益全部归农民所有，农民得到了农业科技投入所带来的产量增加和农机、农资集中供应所带来的成本降低两方面的收益。

粮食银行效益。2017 年，合作社共代储小麦 1 700 万斤，麦收时按每斤 1.18 元计价，结算出 800 万斤；8 月按每斤 1.22 元计价，结算出 600 万斤；春节时按 1.24 元计价，结算出 300 万斤。合作社销售小麦 1 700 万斤，平均售价 1.26 元，每斤盈利 0.047 元，共盈利 79.9 万元。除去收购费、保管费、损耗，净利润达 62 万元。

社会化服务是一种能够解决农业发展问题的新模式。首先，解决了流转土地费用较高的问题，合作社通过规模化服务延伸产前产后链条获得利益，避开了租金的风险，而农民则在托管服务中通过节本增效增加了收入；其次，打通了制约农业生产从量变到质变再次飞跃的瓶颈，打破了户与户之间的纵横边界，实现了"围棋盘"上的集约化经营，实现小农户与现代农业发展的有机衔接；再次，解决了当前"谁来种地、怎么种地"的问题，避免了个别土地因农民外出打工而撂荒的现象。通过规模化、集约化生产经营，以粮食生产为主的传统农业实现了农村一二三产业融合发展，提高了质量效益和竞争力。

▧ 点　评 ▧

　　村集体经济组织在推进农业社会化服务方面具有独特优势。村集体经济组织内生于乡村社会之中，熟悉乡村社会网络关系，有悠久的合作传统，坚实的组织基础，因此，村集体经济组织在整合乡村的资源、对外联结和对内协调等方面都有着独特的优势。在单一的农户和社会化服务主体对接中难免会遇到一些问题，例如，在"企业＋合作社＋农户"模式中，企业或合作社在与农户打交道中可能会产生的较高的交易成本，农户也可能面临在与企业博弈时力量的悬殊问题；在"合作社＋农户"模式中，合作社可能面临由于自身能力不足，而无法满足农户农业社会化服务的需求问题。而村集体经济组织的加入能够解决上述问题，尤其是在目前普遍存在村委会代行集体经济组织职能的情况下，利用村委会的职能和村集体经济组织的资源，在降低组织农户成本的同时强化村集体经济组织的服务能力。清丰县惠农农机农民专业合作社、鄢陵县东坡农机服务专业合作社和商水县天华种植专业合作社在提供农业社会化服务过程中，依托村集体经济组织的帮助，实现了多方共赢，分别给予我们不同的启示。

　　清丰县惠农农机农民专业合作社通过"合作社＋村集体＋农户"农业生产托管模式开展服务，其中，村集体在农业社会化服务中起到重要作用。一方面，采用村集体建立服务站的方式，选村"两委"人员为服务站负责人，服务站通过村集体整合土地，使其成方连片500亩以上，以合同形式委托给合作社经营。另一方面，采用整村托管的方式，将村庄土地整建制托管，废除田埂、沟壑、多余的生产路，净溢出土地的收益全部归村集体，村集体还可获得管理费和分红，从而壮大村集体经济。合作社和农户在与村集体合作开展农业社会化服务的过程中也获得收益，合作社对村集体整合后的土地开展托管服务，提升农机作业的适用性和工作效率，推广农机新技术和智慧农业服务平台，提高农业现代化程度。农户的土地通过生产托管，采用先进的现代化生产方式，实现节本增效和绿色发展。

　　鄢陵县东坡农机服务专业合作社是由十室村"两委"组建的服务型专业合作社，将村集体经济发展试点项目投入到农机合作社，吸引企业入股合作社，提高合作社服务能力，为农户提供社会化服务。该模式最大的特点在于利用集体经济组织的政策支持和"统"的功能为合作社"背书"，村集体经济组织在与农户的合作中，把农户闲散资金、土地等资源整合起来，组织他们参与产业化生产；为农户提供多种服务方式供农户选择，满足农户多样化需求。村集体经济组织在与公司的合作中，以入股合作社的方式接受企业的投资，购买农业机械等先进设备；统一采购企业的农资、农机服务等，实现标准化种植。

商水县天华种植专业合作社通过土地托管、整村托管、粮食银行等方式提供农业社会化服务。其中，天华合作社对于整村托管的实践开始于2017年，采用"村委＋农户＋合作社服务"的整村托管模式。天华合作社开展整村托管的独特之处有三点：一是大学生直接驻村，全方位指导种植技术和管理技术；二是农户可以将土地确权证书登记后以入股的形式将土地交给村委管理，村集体拥有直接监督权、管理权；三是整村土地托管不收取贫困户的托管费，为贫困户免费耕种土地，土地收益使贫困户直接脱贫。

利益联结共同体　齐享发展丰硕果

产业引领奔小康　服务带动共致富

——舞钢市油坊山林果种植专业合作社

编者按： 舞钢市油坊山林果种植专业合作社以"党员干部＋能人大户＋农户＋经营主体"模式开展农业社会化服务，按照"地种林果、山养牛羊"的思路，引领全村群众发展特色产业，为山羊养殖提供"五统、四包、三化"的规范化服务，为农户提供流转土地挣租金、提供打工机会挣薪金、让农户入股分股金，形成有效带动群众致富的发展模式。

一、基本情况和背景

舞钢市油坊山林果种植专业合作社位于平顶山舞钢市尚店镇王庄村，最初由本村 26 户村民自愿组合发展，2014 年 4 月社员共同集资 200 万元，在工商行政管理局注册成立了舞钢市油坊山林果种植专业合作社。成立之初，秉承民办、民管、民收益的原则，积极与河南省果树研究所、河南省农科院、河南农业大学多家大专院校及科研机构建立合作伙伴关系。在发展方向上，突出生态环境、园林绿化和特色有机水果生产；在功能定位上，坚持农业产业与旅游、教育、文化、康养等产业深度融合，积极发展创意农业，开发农业多功能，实现一二三产业融合发展。

二、发展情况

通过市场考察及技术专家指导，合作社因地制宜利用现有的资源，将油坊山水库的水提灌到山顶蓄水池，然后经过管道对园区进行自流灌溉，改善生态环境。从外省引进优良的林果树苗 60 余种，通过精心栽培管理，选育出能适应当地气候、土壤环境条件的品种 13 个，其中以水蜜桃、葡萄、软籽石榴、薄皮核桃表现尤为良好。整体布局按照"人文、自然、和谐、健康、教育、发展"设计理念规划，以"自然生态、休闲养生"为主题，以优质高效农业产业为目标，经过几年发展，已经建成垂钓渔业基地 300 亩，生态果园示范基地 1 000 亩，园林绿化育苗基地 600 亩。努力打造以"舞彩迦蓝谷"为核心的中原禅修文化博览中心、生态农业示范基地、良种果树育苗基地、科普教育基地和乡村旅游创新基地，实现园区"一心一环四区"的总体建设目标，成为国家级集现代农业、休闲旅游、商务度假于一体的高端现代农业生态旅游示范基地。

三、主要做法

为让当地农户接受合作社的服务，舞钢市油坊山林果种植专业合作社以乡村特色产业服务为主要抓手，以山羊、肉牛养殖，葡萄、水蜜桃种植，乡村旅游为方向，以小农户和各类新型农业经营主体为对象，立足当地资源禀赋，紧跟现代农业发展步伐和农户生产发展需求，联合农村现有生产服务组织和机构，不断创新服务方式，构建全方位服务平台和网络，实现社会化服务功效的最大化。具体为大力发展三种模式：

(一)"双带双跟"模式

按照党员干部和能人大户带动农户、合作社带动产业发展的思路，着力开展"双带双跟"扶贫活动，采取党员干部率先示范，能人大户带头致富，村民跟着学、跟着干，一户带多户，多户带全村，最后实现共同致富。

发展步骤：一是党员干部和能人大户带头致富。顶门村党支部书记雷辉充分利用资源优势，依托合作社的成熟养殖模式，自己发展特色种养业。目前，已养殖杂交山羊1 200头，山羊价值达220余万元。合作社先行先试，雷辉的率先示范，让身边的党员干部、能人大户深受启发，涌现出了郭留柱、雷天有、卢昂等一批致富能手。他们在致富的同时，不忘带动贫困户增收脱贫，每个党员干部、能人大户包联1～2户有意愿发展的农户，帮助制订产业计划，解决产业发展中资金、技术等问题。二是成立经营主体，带动产业发展。该村采取"党员干部＋能人大户＋农户＋经营主体"模式，按照"地种林果、山养牛羊"的思路，引领全村群众发展特色产业，吸纳50多户加入家庭农场和合作社。合作社为贫困户提供种苗、母羊以及种养技术，辐射带动全村45％的农户。

发展效果：通过能人大户和合作社"双带双根"模式，顶门村5户发展林果67亩，6户集中养殖山羊250多只。同时，组织农民30余人常年在合作社打工，年人均收入1.5万元。

（二）"三金链接"模式

合作社在发展林果产业过程中，采取推进土地经营权流转，建立产业基地，培育"产业工人"等措施，让群众流转土地收租金、入园打工挣薪金、农户入股分股金，有效带动群众致富的发展模式。

发展步骤：2011年，合作社以每亩600～900元不等的价格，流转土地3 126亩，建成了无公害林果种植示范基地，主要种植水蜜桃、葡萄、软籽石榴等，基地建成后，招收当地农民到基地打工，让村民转变为产业工人。同时，鼓励农民通过土地、林地等资源入股合作社，通过股份分红增加收入。

发展效果：实现了农民多渠道增加收入，一是流转土地收租金。土地流转后，农民不担任何风险，每亩可获租金900元。二是进入合作社打工挣薪金。林果种植属于劳动密集型产业，需要大量劳力，当地农民到基地打工，成了名副其实的"产业工人"，每人每天工资60元，年人均收入1万元左右。特别是年龄偏大的老人，外出找不到工作的贫困群众也能在家门口挣到一份稳定的收入。三是农民入股分股金。依托油坊山林果种植专业合作社，以王庄村为中心，辐射带动顶门村、马岗村发展林果产业，建设林果、玫瑰及中药材示范基地，农民通过土地、林地等资源入股，通过股金分红增加收入。

（三）"四包服务"模式

合作社立足该区域山场辽阔、有宜牧草场2万多亩、年产农作物秸秆4 000吨以上的资源优势，通过合作社的统一指导管理，吸纳有养殖意愿但无经验、无资金的农户加入合作社，开展"五统、四包、三化"规范化服务，即"统一品种和种植模式、统一技术规程、统一农资供应、统一耕作管理、统一产品销售"，并提供"包技术、包供种、包饲料、包销售""服务标准化、全程机械化、人员专业化"，带领群众发家致富。

发展步骤：一是成立专业合作社。2014年，顶门村20户养殖户，成立了舞钢市鼎瑞农牧专业合作社，筹资560多万元，流转土地山场77亩，建羊舍4栋600平方米、饲料仓库180平方米、购买种羊200多只，购买饲料加工机械2套，由合作社统一组织调剂提供种羊，开始发展山羊产业。二是提供"四包服务"。包技术，除疫苗和药物收取成本费，其他全部免费；包供种，以"投母还仔"方式向社员提供波杂能繁种母羊，养殖收益归养羊户所有；包饲料，精饲料由合作社统一采购原材料，统一配方，以成本价统一供应给养羊户，青饲料由合作社收购农作物秸秆，经过

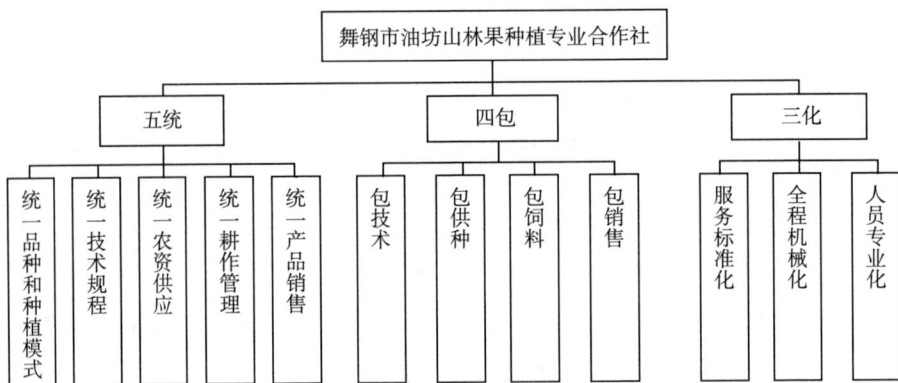

舞钢市油坊山林果种植专业合作社

五统
- 统一品种和种植模式
- 统一技术规程
- 统一农资供应
- 统一耕作管理
- 统一产品销售

四包
- 包技术
- 包供种
- 包饲料
- 包销售

三化
- 服务标准化
- 全程机械化
- 人员专业化

"五统、四包、三化"规范化服务

揉丝、青贮、打包、存放后，以成本价供应给储料不足的养羊户，保障饲料充足；包销售，为保证山羊有稳定销路，合作社与山羊经纪人建立长期合作关系，签订购销协议，分季节集中组织销售，售羊收入全额向养殖户兑付，合作社不收取任何费用。

发展效果："四包服务"模式有效解决了农民养羊过程中出现的一系列问题，部分贫困户通过养羊获得了稳定经济收入，涌现出了刘喜昭、雷耀亭等一大批养羊能手。同时，合作社向周边群众提供羊粪，发展绿色无公害蔬菜、瓜果等，促进了农村经济多元化发展。

通过以上服务措施，充分调动农户参与积极性，有效改变"懒散混、等靠要"的状况，破解了土地承包到户后统分结合的问题，紧密构建了基层党组织与农户、基层党组织与合作社之间的双向联结机制，基层党组织战斗堡垒作用得到充分发挥，合作社效益得到充分彰显，实现了多方共赢。

科技来示范　引领新样板

——鹤壁市淇县联发种植农民专业合作社

编者按： 淇县联发种植农民专业合作社针对分散的家庭经营中人才、技术、金融、保险等社会资源的短缺，细碎化农业管理模式，农业生产结构单一，农产品科技含量低，抗风险的能力低，农业科技成果转化率低，与市场信息存在不对称性等问题，探索出"合作社＋农户"的经营发展模式，通过土地流转、示范服务、技术培训、建立农产品产销联盟等农业社会化服务，促进了当地农民收入的增加，农民生产技术水平和技能显著提高，农产品销售渠道更加顺畅。

淇县联发种植农民专业合作社是一家集农业（果蔬）种植、农业生态休闲观光、生猪养殖、绿化苗木培育为一体的农民合作社，近年来，合作社充分依托土地、技术、设施设备的资源优势，采用"合作社＋农户"的经营发展模式，通过土地流转、示范服务、技术培训、建立农产品产销联盟等农业社会化服务，与农民形成利益联结机制，有力地推动了农业产业的高效发展。

一、基本情况和背景

淇县联发种植农民专业合作社位于淇县北阳镇新庄村，成立于2010年7月，注册资金1 000万元，社员363户，现有员工50人，土地面积3 500亩，大中型农业机械25台，智能联栋温室6 000平方米，日光温室大棚14座，小拱棚140亩，沼气池1 000平方米，低温冷库3 000平方米，无塔供水器及喷灌设施4台套，农电水利配套齐全，基础设施完善。

目前，已建有占地 630 亩的农业科技示范园一个，占地 2 870 亩的绿化苗木培育基地一个，年出栏生猪 5 000 头的现代养殖场一个，企业效益不断提高，农业示范作用日趋增强。2014 年淇县联发种植农民专业合作社被农业部等九部委评为国家级农民示范合作社，所属农业科技园区也被鹤壁市科技局审定为市级农业科技园区。2018 年被河南省林业厅审定为河南省林业产业化重点龙头企业。

农业社会化服务是实现乡村振兴战略、推动三农快速发展的有效举措，是农村创新发展的重要方向。随着工业化、城镇化进程加快和农村生产力要素向城镇流动加速，农业劳动力呈现低质化、老龄化、女性化，分散的家庭经营在一定程度上影响到人才、技术、金融、保险等社会资源向农业的集聚，细碎化的农业管理模式，农业生产结构单一，农产品科技含量低，抗风险的能力低，农业科技成果转化率低，与市场信息存在不对称性，严重制约了农业产业快速发展。实现适度规模化经营、推进农业社会化服务显得十分必要。鉴于此，多年来，合作社在致力于自身建设的同时，依托园区在资金、技术、人力、设施设备上的优势，初步建立了以土地流转服务为基础，以农业技术服务、电商服务为主要内容的农业社会化服务网络体系，对促进农业产业发展起到了积极的推动作用。

二、主要做法

（一）土地流转服务

一是对一些因劳力和技术等原因，无力经营或经营不善的农户，由合作社统一租赁承包经营，并签订租赁合同。对租赁出的土地，农户继续按照原来的土地权属关系履行其义务，享受其权利；合作社按照租赁合同约定，在取得土地经营权的同时，按期支付租金并不得改变土地用途。二是对出让租赁土地的农户，合作社根据园区实际生产经营情况，主动吸收安排一部分剩余劳力到园区和基地务工，农户在取得租金的同时，还可获得一定的劳务费，增加了农民收入。三是合作社主动与一些种田大户、种田能手合作，将土地以及设施反租倒包给他们，由合作社统一规划，统一种植，统一进行技术和销售服务。

（二）示范引领树样板

一是高起点、高标准建立农业科技示范园区。科学规划，加快推进硬件设施建设，建立与农（林）业科学院校和农业科技推广机构长期技术协作、合作机制，为园区建设和发展提供可靠的技术支撑，确保园区高质量、高效益可持续发展。在园区内建设农业样板园、示范林，使之成为农业产业高质量发展的展示窗和辐射源，引领和带动农业产业发展。二是建立农业技术科普基地。依托园区的技术优势、产业效益的展示，来充分凸显新品种、新技术在产业发展中的巨大作用和功能效益，吸引农民愿意学、跟着学、照着干。三是开展技术培训。园区定期或不定期地针对产业发展技术难点和问题，聘请省、市、县农业专家现场指导和授课，普及和推广农业先进技术。

（三）建立农产品产销联盟

近年来，为了延伸产业链条，拓宽农产品销售渠道，从根本上解决农民产业选择难、农产品销售难的问题，带动农民致富，合作社从致力于农业产前、产中、产后服务着眼，从充分利用网络大数据、建立企业微信平台和微信群、组织农业企业产销联盟入手，努力打造"电商＋"经营新模式。一是与"一亩田"农产品销售电商平台联合，成立了"淇县一亩田网农之家"，在线上与一亩田网络平台建起了淇县特色农产品展销馆，引导和推荐淇县农特产品走进电子商务平台，构建特色农产品上行绿色通道，创立具有地方特色的农产品品牌；二是在线下与市县农业种植企业紧密结合，建立淇县优质农产品销售联盟，并设立了淇县一亩田农产品展销门店，面积达 300 多平方米；三是充分利用企业电商平台、微信，建立农业种植企业社群和电商联盟微信群，努力构建企业互动交流社群和农业产业产品生态圈，通过线下信息交流、线上实时沟通，实现信息和资源共享，放大产业、产品聚合效应，盘活农产品流通体系，不仅将自己生产的蔬菜、中药材、绿化苗木等农林产品在平台上销售，而且还将淇县山区生产的大红袍花椒、太行山小米、核桃、柿子、粉条、茶叶等农产品销往全国各地，帮助农民增收致富。

三、取得的成效

（一）土地流转服务，促进了农业产业规模化经营，增加了农民收入

土地流转服务在促进农民获得财产性收入、有效改善土地资源配置效率、激活农业剩余劳动力转移、提高农民收入的同时，也为农业企业规模化、集约化、高效化提供了广阔的空间。截至目前，合作社共从 300 多户农民手中流转土地 2 800 多亩，有效解决了土地经营细碎化，农民无力经营或经营不善效益低的问题。合作社通过创建农业园区和基地，实现了规模化、集约化经营，提高了产品竞争力和抵御市场风险的能力，提升了产业效益。合作社每年按 1 000 元/亩付给农民土地租金，又为当地农民提供了 50 多个就业机会（其中建档立卡贫困人员 12 人），人均增收 2 万余元；合作社帮扶 31 个行政村、345 户增收，户年均增收 2 600 元。通过资金入股分红，帮扶户数 96 户，每户年增收入 4 000 元。先后有 6 家种田大户、种田能手，采用反租倒包的形式，反租土地 150 亩，发展特色蔬菜、中药材种植。

（二）科普基地成效显著

近年来，合作社共创建特色蔬菜样板园 150 亩，苹果、桃、杏等水果示范林 120 亩，清香良种核桃经济林示范林 300 亩。举办农业技术培训班 9 期，培训人员 150 人次，农林专家指导和授课 30 人次。通过培训和学习，农民生产技术水平和技能显著提高，有力地提升了农业产业质量和效益。

（三）农产品流通体系更趋完善

"电商＋"模式、农业企业联盟的建立，使农产品信息传输速度与渠道更加快畅通便捷，市场供销信息更加灵通及时，进一步提高了合作社农产品流通效率和质量效益，农产品流通体系更趋完善。据不完全统计，近年来，通过电商平台，合作社共发布农产品供销信息 280 多条，农产品销售额达 3 000 多万元，效益提高 20％以上。

联发种植农民专业合作社农业社会化服务成果汇总

成　效	做　法	内　容
促进农业规模化经营，增加农民收入	提供土地流转服务	合作社统一租赁，承包经营 300 多户无力经营或经营不善的农户土地，共 2 800 多亩，合作社每年按 1 000 元/亩支付土地租金
		合作社将土地和设施反租倒包给种田大户
		合作社为部分出让租赁土地的农户提供工作岗位，共计 50 余个
引领农业高质量发展	建立农业科技示范园区	在园区内建设农业样板园 150 亩，示范林 300 亩
	建立农业技术科普基地	依托园区技术优势和产业效益的展示，凸显新品种、新技术的功能效益
	开展技术培训	针对产业发展技术难点问题，聘请专家指导和授课 30 人次，向农民普及和推广农业先进技术 150 人次
提高农产品信息传输速度，拓宽销售渠道	建立农产品产销联盟	在线上，合作社与一亩田网络平台建立淇县特色农产品展销馆，引导和推荐淇县农特产品走进电子商务平台
		在线下，合作社与市县农业种植企业紧密结合，建立淇县优质农产品销售联盟，并设立了淇县—亩田农产品展销门店，面积达 300 多平方米
		通过线下信息交流、线上网络实时沟通，实现信息和资源共享，放大产业、产品聚合效应，盘活农产品流通体系

打造高效农业综合体 开辟致富新路径

——南召县大鑫丰中药材种植合作社

编者按： 南召县大鑫丰中药材种植合作社通过互换、入股、租赁等方式进行土地流转，并在此基础之上开展农业社会化服务。合作社从组织建设的各方面进行规范化运作，并以科技先行，以合作共赢的模式推进标准化生产管理，采取"公司＋基地＋合作社＋农户"的运作模式，依托公司的资金资源建立基地、承包项目，通过辐射带动，使种植户实现稳定收益，并通过产业发展实现持续脱贫。

一、基本情况

该合作社位于南召县崔庄乡西王庄村，签约农户 51 户 127 名，注册资金 500 万元。合作社采取现金入股合作方式，秉承"以服务社员为宗旨，提高效益为目标"的理念，发挥专业合作社职能，引导农民互助合作，是一家集中药材保护培育与种植、生态养殖、乡村生态文化建设及旅游观光为一体的多功能、高档次的新型农民专业合作社。该合作社已建立 3 900 亩中药材种植规模基地 1 个、50 亩的蛋鸡养殖基地 1 个，年产值达 5 000 余万元，入社社员分红 600 余万元，带动周边 3 个村 400 余名农民走上了致富路。

二、精心打造服务平台

（一）流转土地，建好基地

合理流转土地。合作社自成立起就通过互换、入股、租赁等方式进行土地流转，目前已流转土地 3 950 亩，流转期 30 年，通过流转让农村闲置土地得到充分的利用和发展，为实现现代农业的规模化、产业化经营提供了保障。规范运作建基地。合作社加大了基地建设的资金投入力度，投入资金 580 万元，劳动力 4 500 个，整治土地 3 950 亩，人行道路 5 000 米，兴修引水上山设施 6 套，堰塘 5 座，排水渠 7 000 米，灌溉池 16 口，地埋水管 8.2 万米。通过基础设施的建设和完善，提高了土壤保水保肥能力，减少了水土流失，使生态环境得到了进一步改善，土地的利用率和产出率得到了进一步提高。

(二) 健全组织，规范运作

一是完善章程制度。中药材种植合作社章程是为规范合作社内部关系、统一开展生产经营活动的原则和办事程序而制定的规程。章程结合中药材生产的实际情况，在坚持尊重农民意愿，坚持发展和规范并重的原则基础上，根据合作社自身的实际情况，充分体现合作社的基本原则。合作社依据《中华人民共和国农民专业合作社法》，对原有章程进行了补充和完善，同时对理事长、会计、技术员岗位职责和吸纳社员制度，理事会议事制度，监事会监督制度，收益分配制度，财务管理制度等进行了修订完善。将章程制度打印成册，分发到每个社员手中，作为在具体操作中执行的依据。二是完善合同内容。按照经济合同法的要求，明确合作社的服务内容，明确合作社社员的各项权利和义务，明确联绩计酬制，以产量计算劳动报酬，以交易产量和实际入股资金进行二次分配，明确双方责任，确保合同的严肃性，以保证合同结算兑现，取信于民，解除农户的后顾之忧。三是建立会计核算制度。对中药材种植合作社范围内的生产经营活动的全过程进行会计核算和会计监督，如实反映财务收支和资产变动情况。

(三) 依靠科技，创新模式

合作社以科技为先行，以合作共赢的模式推进标准化生产管理。一是积极寻求与中药材基地、大专院校、专家学者的合作，先后和中国医学科学院的魏建和博士及河南省农科院、南阳市农科院等科研机构建立合作关系，为合作社的健康发展奠定了雄厚的科技基础。二是合作社根据发展需要，每年都会定期或不定期开展业务培训。聘请专家进行种植技术讲座，解决社员们的技术难题；组织社员集中学习法律、法规及党在农村的各项方针政策，进一步统一了思想认识，明确了合作社的发展方向。三是从基地标准化入手，融产、供、销于一体，为社员做好产前、产中、产后综合服务，密切了成员间的合作关系，保证了农资的质量，降低了购买成本，方便了群众，增加了收入。

(四) 快速发展，成效显著

合作社采取"公司＋基地＋合作社＋农户"的运作模式。依托南召县鑫林源高效农业有限公司这个战略合作伙伴，投资 1 800 万元，种植中药材 3 300 亩，其中栽植栀子 18 万株，连翘 20 万株，苍术 650 万株，丹参 800 亩，金银花 300 亩；同时培育了银杏、猕猴桃、桂花、板栗等幼苗 600 亩。依托中药材种植示范园发展现代农业和生态旅游观光，为城市居民提供一个"回归自然，返璞归真"休闲娱乐的好去处，逐步建设成为南召县乃至南阳市最大的中药材种植基地。2016 年已投资 3 800 万元建成厂房 6 栋、占地 50 亩的全自动化蛋鸡养殖项目，实现销售收入 5 000 万元。

三、服务三农，助推精准扶贫

合作社成立之初，就把"服务社会，回报社会"作为立身之本。特别是在中央提出精准扶贫坚决打赢脱贫攻坚战的要求后，合作社积极响应党中央和省市县各级党委、政府的号召，积极发挥自身优势，开展精准扶贫，主动履行社会责任，采取"公司＋合作社＋贫困户"的模式，切实把贫困群众的脱贫解困与基地的生产经营捆绑在一起，实现同发展、助脱贫、共致富，发挥了示范带动作用。一是与有劳动能力的建档立卡贫困户签订劳务合同，最大限度地吸纳贫困户劳力到合作社参与长期或短期劳动，增加贫困户收入，2016 年合作社仅支付劳动力报酬就达 40 多万元。王庄、程家庄和崔庄三村在合作社长期或短期就业的有 48 户 59 人，年人均收入 5 000 元左右，仅此一项，就可以实现贫困户脱贫。二是合作社租用贫困户土地，利用土地租金使贫困户脱贫。合作社租用贫困户土地 6 户

200 亩，年付土地租金 4 万元。三是贫困户把自己的土地作为资本参与合作社入股，从中得到分红收入。已有 5 户贫困户的 150 亩土地参股，从中获得分红 3 万元。四是合作社实施统一整地、统一供苗、统一管理、统一回收的方式，带领贫困户利用自身土地，发展中药材和花卉苗木种植，帮助贫困户解决后顾之忧，实现稳步脱贫。辐射带动周围 6 个村的 100 余户群众，发展种植点 30 多个，种植辛夷 600 亩、连翘 200 亩、丹参 150 亩、其他优质苗木 400 亩，可实现销售收入 300 万元，年人均收入增加 4 000 元。通过"授人以渔"而不是"授人以鱼"的方式，变"输血"为"造血"，使种植户实现稳定收益，通过产业发展实现持续脱贫。

全程托管创新路　三产融合促腾飞

——项城市红旗农资专业合作社

编者按： 项城市红旗农资专业合作社在多年的农业服务中，摸索出了种植业"种、管、收、售"全程土地托管和"土地入股分红"服务新模式，围绕农业增效、农民增收、企业发展主题，用现代工业装备农业，用现代科技武装农业，用现代管理理念和方法经营农业，逐步实现农业生产的规模化、产业化、集约化，最终达到农业的经济效益、社会效益和生态效益的最大化。

一、基本情况和背景

项城市红旗农资专业合作社成立于 2013 年，成员出资总额 5 000 万元，占地 81 亩，员工 169 人，其中技术人员 37 人。合作社成立以来，先后投资 1.3 亿元，建成标准厂房 6 000 平方米，仓库 14 500 平方米，办公楼 4 600 平方米，农技培训中心 1 500 平方米，可容纳 120 多人的多媒体教室 600 平方米，引进新型电脑程控测土配方肥生产线两条，年生产能力 30 万吨，建立了 2 000 平方米的标准化研究开发中心，资产总额达 10 161 万元。

合作社紧紧围绕"帮农、惠农、富农"的办社宗旨，实行"公司＋合作社＋基地＋农户"的运行模式，为社员提供"农资＋农机＋农技"的从种到收全程土地托管服务。具体包括：为社员统一采购优质农资，购买大型农机具，免费进行农业技术培训，实施秸秆还田、土地深耕、测土配肥、统防统治、土壤修复等。合作社运营六年来，示范带动作用强，先后被评为国家农民合作社示范社、国家百强合作社等。

红旗合作社在全市建立 150 个村级社，带领入社农户达 3 万余户，入股土地 6 万余亩，服务能力达 30 万余亩，累计服务土地面积达到 57.11 万亩（含全托管和半托管），带动贫困户 920 户。2019 年年底，合作社订单种植优质小麦 1 万亩，实现经营收入 14 457 万元，盈余分配 1 407 万元。

二、主要做法

（一）入股分红保收益

合作社于 2017 年开始，投资 4 000 万元实施土地入股保底分红托管。采取以政府为主导、合作社为主体、市场化运作的原则，按照"公司＋合作社＋基地＋农户"的运行模式，重点推进秸秆还田、土地深耕、配方施肥、统防统治、土壤修复等。具体做法是：以村集体为依托成立村级社，为村级社配备耕、种、收等农机设备，提供高产农资套餐。村级社为入社土地提供耕、种、收、管、售等全程服务，保底支付农民土地每亩每年 800 元，合作社扣除农资和服务费用，增收部分红旗合作社、村级合作社、农民按照 50％、20％、30％进行分红，村级合作社盈利部分除去运营管理费用外，其余用于村集体公益事业。托管土地主要种植优质小麦、优质大豆、优质花生。

（二）全程托管创新路

这些年，土地托管逐渐为农民群众和经营主体认可并迅速发展，它可以有效避免土地流转带来的问题，增加经营主体和托管农户的收益。合作社联合周口红旗肥料有限公司、周口市红旗农药有限公司、周口中禾农业发展有限公司、项城市中禾农机专业合作社，实行"公司＋合作社＋基地＋农户"的运行模式，在全市建立 150 个村级社，带领农户入社，为农户提供从种到收土地托管服务，如提供农业生产资料、农业技术培训、农机具服务和租用、农作物收割、耕种、土地深松深耕、秸秆还田、病虫害综合防治、经济作物高产栽培技术、测土配方施肥、土壤修复等。土地托管分为半托和全托两种形式。"半托"是菜单式托管，是农户把部分生产管理项目托付给合作社；"全托"是农户把全部生产环节交由合作社代为管理。全托可以分为服务型全托和收益型全托。服务型全托是从种到收托付给合作社，农户支付合作社服务费用，收获归农户所有；收益型全托是从种到收托付给合作社管理，合作社保底支付给农户产量，扣除服务费用后，合作社和农户按比例分红。项目运作以合同形式约定服务内容，通过集约化、规模化运作降低生产成本，在不改变农民土地承包权和收益权的前提下，实行统一耕种、统一管理、统一收割、统一分配的全程土地托管服务，完成农民托付的各项服务。这种新的土地经营管理模式，解决了农户因劳动力缺乏、无力对承包田耕种的问题，实现了"你拿土地入股，红旗全程投入，收益两家分红，解你后顾之忧"。

（三）拓展服务延链条

近年来，随着对农业生产环境的重视，绿色化生产服务逐步成为生产服务的重要内容。2019 年开始，合作社更加重视服务链条的延伸，先后建设畜禽粪污资源化利用整县推进项目，年处理畜禽粪污能力达 80 万吨、处理秸秆能力达 20 万吨，能生产 20 万吨固体有机肥用于修复土壤；建立

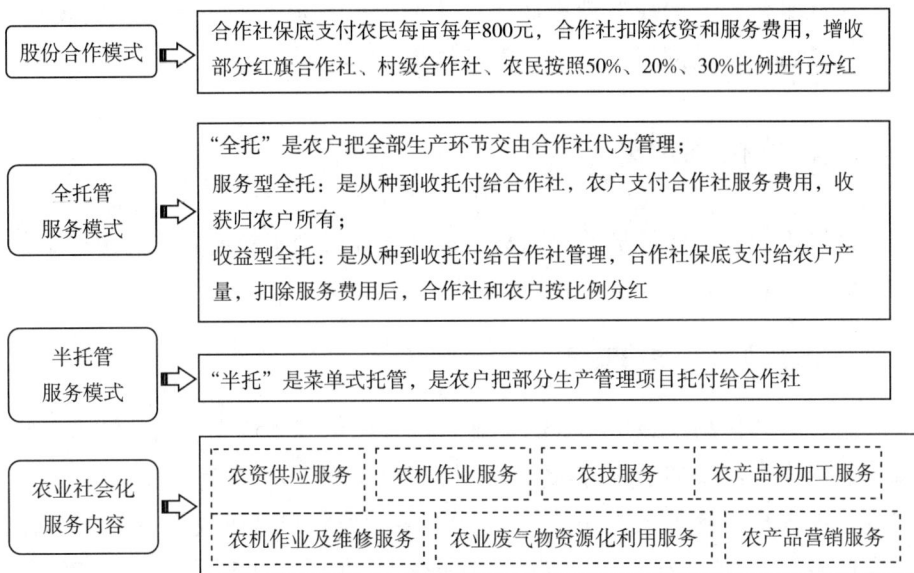

股份合作模式	⇒	合作社保底支付农民每亩每年800元，合作社扣除农资和服务费用，增收部分红旗合作社、村级合作社、农民按照50%、20%、30%比例进行分红
全托管服务模式	⇒	"全托"是农户把全部生产环节交由合作社代为管理； 服务型全托：是从种到收托付给合作社，农户支付合作社服务费用，收获归农户所有； 收益型全托：是从种到收托付给合作社管理，合作社保底支付给农户产量，扣除服务费用后，合作社和农户按比例分红
半托管服务模式	⇒	"半托"是菜单式托管，是农户把部分生产管理项目托付给合作社
农业社会化服务内容	⇒	农资供应服务　农机作业服务　农技服务　农产品初加工服务 农机作业及维修服务　农业废弃物资源化利用服务　农产品营销服务

项城市红旗农资专业合作社农业社会化服务模式

1万亩优质小麦种子繁育基地，订单种植，高价回收小麦进行种子繁育，解决农户销售难题；对托管土地进行订单种植，与加工企业合作对回收的农产品进行面粉、素食等加工；通过品牌运营、渠道建设，将生态有机健康食品配送社区，进入网络，直供市民餐桌。合作社实现了由2013年开始的农资供应服务、农机作业服务、农技技术服务向2019年的农产品初加工服务、农机作业及维修服务、农业废气物资源化利用服务、农产品营销服务的发展。

（四）三产融合促腾飞

合作社围绕"做强一产、做优二产、做活三产"这条主线谋发展。做强一产：对所有服务土地实施土壤深耕、秸秆还田、统防统治、增施有机肥等措施，达到增产增收、减肥减药、修复土地、保障粮食安全的效果。做优二产：按照标准化种植模式实行全程控制，确保三年后达到绿色农产品质量标准，对回收农产品进行深加工、精加工，拉长产业链条，形成从农田到餐桌的全产业链条，真正让消费者吃上放心食品。做活三产：利用互联网＋现代农业，发展线上销售业务，让红旗产品和服务走向全国；利用合作社平台，发展线下销售业务，从而带动物流、服务等行业的发展，这让社员真正享受到二三产业带来的收益。

三、取得的成效

经过广大合作社成员的共同努力，合作社得到了较大发展，实现了合作社效益、农户效益和生态效益三统一。

（一）合作社和农户双赢

通过系列化高产栽培模式的实施，使农民掌握了科学种田的技术，降低了投资成本，增加了收益，实现亩投资减少200元，增收200元。通过农资直供农户可降低成本10%～20%，累计为农户减少成本2 845万元。合作社累计提供肥料57万吨，供应农药价值342.66万元，供应种子144万元，实现了规模和效益增长。

（二）实现生态环保

通过大农机服务，解决了传统小农机耕作模式效率低下、土地耕层浅、漏水漏肥的问题。通过秸秆还田等技术的应用，减少了化肥的使用量，改善了农作物的品质，保证了土地的可持续生产能力。通过测土配方施肥，缺啥补啥，合理利用肥料资源。通过深松深耕，改善土壤结构，增强保水保肥能力。通过秸秆还田，避免焚烧，增加土壤有机质含量，培肥地力，减少大气污染。

（三）土地资源优化

打破了户与户之间的纵横边界，实现了规模化集约化生产，实现小农户与现代农业发展的有机衔接。

（四）拉长了产业链

通过规模化、集约化生产和企业化经营，提升了粮食生产价值链，打造了供应链，实现了农村一二三产业融合发展，提高了农业质量效益和竞争力。

（五）助推脱贫攻坚

合作社发展业务的同时，为全市的脱贫攻坚做出了不懈努力。金融扶贫：2016—2019 年金融扶贫 920 户，每年给每户贫困户 3 000 元，累计发放扶贫资金 753.5 万元。资金帮扶：2015—2019 年帮扶贫困大学生 23 人，共计 4 万元；2016 年在丁集镇、南顿镇、永丰镇、高寺镇帮扶 205 户贫困户，帮扶资金 18.5 万元。物资帮扶：2016 年在秣陵镇为 51 户贫困户发放大豆种子、肥料，价值 1.53 万元。就业扶贫：累计吸纳贫困户 12 人，托管土地后，实现转移就业的农户每年可增加收入 1.2 万～3.6 万元。

创新服务方式　助力乡村振兴

——西平县睿帆种植专业合作社

编者按： 西平县睿帆种植专业合作社在土地流转和土地托管的基础上，采取"合作社＋基地＋农户"的模式开展农业社会化服务。合作社主要提供农资服务、耕作服务和技术服务。所提供的社会化服务在优化种植结构，做大"西平小麦"农产品地理标志品牌效应和发展绿色农业，实施秸秆还田等方面取得显著成效。同时，合作社还探索出三种经营模式：租赁、入股经营和入社经营，为农户创造增收途径。

一、基本情况

西平县睿帆种植专业合作社坐落于国家级传统古村落——西平县杨庄乡仪封村，成立于 2014 年，注册资金 280 万元，是一家集种植、销售及社会化服务为一体的农民专业合作社，是河南省农科院和驻马店市农业局农业科技试验示范基地、农业农村部统防统治与绿色防控融合试点、中国农民丰收节农业电影电视拍摄基地、广东卫视农业电视节目拍摄基地。合作社现有社员 500 余户，流转土地近 2 000 多亩、托管土地 3 800 亩，合作社办公面积 5 000 平方米，仓储面积 1 400 平方米，药械库 350 平方米，有大型拖拉机 8 台、旋耕机 6 台、播种机 5 台、大型自走式高架喷雾机 7 台、无人植保机 2 台、联合收割机 6 台、花生摘果机 3 台，花生脱粒机 2 台、粮食烘干塔 2 座。合作社坚持"深化三农服务、助力乡村振兴"的经营理念，采取"合作社＋基地＋农户"的模式，走出了一条以产业化发展与生态保护齐头并进、合作社增效与农民增收相得益彰的农业社会化服务新路子。

二、主要做法

（一）引领示范推广优势产业

合作社所在地西平县杨庄乡仪封村，长期以来种植结构单一，秋季以玉米为主，土地对农民收入的贡献率较低。为此，合作社专门赴外县市考察调研，并专门从花生大县——正阳县聘请农业专家来仪封村实地考察，认为该村附近土地平整、土质疏松、土壤肥沃，可以优先发展花生种植业。为此，合作社引进花生良种，聘请专家作技术指导，在西平县率先规模化种植花生，经过几年的试种，合作社秋季花生种植规模达到1 200亩。在睿帆合作社的引领和示范作用下，西平县其他农业合作社和农户也相继开始种植花生，彻底改变了西平县长期无规模化种植花生的局面，仅此一项农民每亩就可以增加收益400元。

（二）多元化经营结构壮大规模

一是优化种植结构。合作社发挥"西平小麦"农产品地理标志品牌效应，加大上地流转力度，人规模种植优质小麦，打造"西平小麦"优质品牌，目前合作社夏季小麦种植面积2 000亩，秋季优质花生种植面积1 200亩，玉米500亩，大豆300亩，产品销往山东鲁花集团、仁和种业等大企业。二是发展绿色农业。合作社流转的土地全部实施秸秆还田、循环发展。同时，积极对托管土地开展秸秆还田工作。三是参与廊道建设。积极响应全县"创建森林城市"号召，在345国道仪封至王改庄段流转土地120亩，种植法国梧桐树3万棵，建成3千米的绿色廊道，仪封传统古村落生态魅力进一步彰显。

（三）多种经营模式驱动发展

合作社在进行走访摸底，遵照群众意愿的基础上，探索出了三种经营模式：一是租赁。合作社以每亩1 000元的租金租用农民的土地，进行集中种植、统一管理和经营，该模式流转土地约2 000亩。二是入股经营。有一定技术和劳动能力的农民将土地入股合作社并成为社员，参与合作社经营管理，获得基本工资和股份分红。三是入社经营。对有经营头脑、有投资能力的农户，由合作社统一提供种子、农药、化肥，统一管理、统一收购。

（四）创新服务方式提升社会效益

一是农资托管。针对当地土壤和种植结构情况，通过明确品牌、限定价格、实行招标、让农户选择等，先后与多个供种、化肥、农药企业建立长期合作关系，提供优质农资，协调有关专家到现场指导使用，提升了服务质量，降低了农资价格，提高了使用效果。直供的农资价格普遍比市场价格低 20％左右。该模式托管土地约 3 800 亩。二是耕作服务。充分利用自有和协作单位的农业机械，对周边村庄农户提供机械化服务，实现了服务区域范围内所有小麦、玉米、大豆、花生的耕、耙、播、收和植保、灌溉的全程机械化。三是技术服务。先后引进多个小麦、玉米、花生新品种，进行测土配方施肥和病虫草害统防统治，通过新技术新方法应用，农药、化肥使用量分别降低 25％、10％，农作物平均增产 5％以上。四是销售服务。通过订单生产，把服务对象的产品集中收购再统一销售，有效解决了农产品销售难的问题，并提高了销售价格，增加了农民收入。

（五）扶贫济困助力乡村振兴

一是整合资源解放劳动力。为切实帮助农民谋福利，合作社高价支付农民土地流转费用，该村土地流转率达 80％。通过土地流转，农民每年能够从合作社获得稳定的租金或入股分红，使他们"离乡不丢地，不种也收获"，大量的劳动力从土地的禁锢中解放出来，安心外出务工经商或就地转移从事二三产业。二是积极参与脱贫攻坚。为解决贫困户生产生活上的实际困难，合作社将仪北村 56 户贫困户全部纳入扶持范围，与贫困户签订用工协议，实现贫困人口全覆盖。为切实解决农村剩余劳动力和贫困群众就业，在农忙时节，聘请周边 200 多名村民参与农忙，此项收入每年人均达 2 000 元以上，合作社得到了老百姓的一致好评。

三、取得的成绩

（一）社会效益初见成效

睿帆种植专业合作社自 2014 成立以来，多年被评为县优秀合作社，两次被评为市优秀合作社；2017—2018 年，连续两年被评为驻马店市新型经营主体带贫先进单位；2017 年被评为西平县 10 个产业扶贫基地之一；2018 年，"西平小麦"被授予国家农产品地理标志称号，睿帆合作社被定为西平县优质小麦基地，2018 年合作社法人代表赵严杰被推荐为全国十佳农民候选人；在 2018 年中国农民丰收节来临之际，代表西平县农民赴北京为中国农业博物馆和中国电影博物馆分别赠送丰收剑和光影剑，合作社也被定为农业电影电视拍摄基地。

（二）农民收入显著增加

合作社带动全村及周边村 600 余户农户参与经营，对促进农民增收特别是贫困农民致富起到了积极的作用。一是土地流转租金。农民每亩每年可以得到 1 000 元的土地出租收益。二是劳务收入。农民通过土地返包管理或在合作社打工每天能够得到 100 多元的劳务报酬。三是土地托管节本增收。以小麦—玉米种植模式为例，通过土地托管，每年种植管理费节约 60 元/亩、农资采购费节约 70 元/亩、机械收割费节约 55 元/亩；订单生产每斤小麦提高 0.15 元，每亩增收 120 元。四是外出务工。大部分青壮年农民从土地中解放出来，可以专心外出务工，发家致富。

（三）农业生态得到改善

在农药、化肥使用上，一家一户种植很难做到精准使用化肥和农药。通过土地流转、土地托管和社会化服务，可以提前预防、统防统治和机械化精准作业，减少用药量和用药次数，提高防治效果。据测算，近年通过土地流转、土地托管和社会化服务的农药和化肥使用量比农户自己种植管理，分别减少 25% 左右和 10% 以上。

（四）土地资源得到集约利用

通过土地流转、土地托管和社会化服务，打破了户与户之间的纵横边界，实现了集约化经营，实现小农户与现代农业发展的有机衔接。同时，解决了当前"谁来种地、怎么种地"的问题，避免了个别土地因农民外出打工而撂荒的现象。

（五）村容村貌得到提升

通过合作社的带动，农民对荒地、荒坡、田边、地角进行了充分利用，有效地利用了资源。特别是合作社加大投入，并积极争取到各级各部门资金，用于村基础设施建设。全村的道路、水利等都进行了建设，村容村貌得到明显改善。

（六）群众素质显著提高

"扶贫先扶智，脱穷先换脑。"合作社在发展产业的同时，开展农村实用技术培训2期，培训300多人次。合作社统一种植、统一管理，有效解决了贫困户在生产中缺资金、缺技术、缺劳力等困难，使他们的生产生活环境得到了进一步改善，化解了许多农村社会矛盾，增强了基层组织的凝聚力、战斗力，党群关系更为融洽。

四、发展思路

（一）加大社会化服务力度

依托合作社现有完善的农机配套硬件设施，进一步托管周边村的土地，帮助更多农民从土地中解放出来，安心从事二三产业。通过托管帮扶、合作帮扶等模式，引导贫困群众融入合作社产业链条，与贫困户建立长期利益联结机制，确保贫困群众持续稳定增收。强化扶智扶志"双扶"，积极联系有关单位有针对性地开展实用技术培训，通过产业带动、免费培训、短期用工等方式，不断提高贫困群众发展产业的能力。大力开发公益岗位，吸纳贫困人员来合作社劳动，获得劳务报酬。

（二）实施种养结合模式

按照"合作社＋基地＋农户＋科技"的产业化经营模式，着力引进竞争力强的农产品优良品种，加大种植业调整力度，向优质、高效、绿色方向发展。同时，围绕农牧结合，依托丰富的花生秸秆资源，发展畜牧养殖业，带动农户规模化饲养鸡、鸭、猪、黄牛、鸵鸟等。

（三）延伸农产品产业链条

发展花生米筛选、分级、挑拣及花生油初加工产业，对果粒大、饱满的花生进行分装销售。将花生红衣销售给中药加工厂，花生秧销售给饲料加工厂，花生壳用来发展食用菌栽培产业。

（四）着力打造田园综合体

大力培育有机蔬菜基地、绿色果园、鸵鸟养殖园等，依托仪封传统古村落特色文化，将仪封村"孔子讲学圣地"、农民书画、大铜器等文化元素融入休闲农业中，打造亲子游、采摘园、体验基地等休闲旅游项目，将农事活动、农业休闲等参与性强的项目糅合到休闲观光体验活动中去，建成集现代农业、休闲旅游、农事体验为一体的田园综合体。同时，安排贫困人员在田园综合体就业，带动贫困人口脱贫致富。

一站式土地托管　小农户增产又增收

——河南昌佳农业发展有限公司

编者按：河南昌佳农业发展有限公司以供销社为依托，注册成立淮滨县为农服务有限公司，整合土地资源，按照"六统一"服务模式，开展农资供应、农机作业、农技培训、统防统治、粮食仓储、加工销售等服务。采取"公司＋合作社＋基地＋农户"的经营模式，发展当地特色农产品弱筋小麦产业，依托资源禀赋，引领带动当地发展稻鱼种养产业，形成紧密的利益联结机制，使农户在生产过程中节本增效，带动贫困户发展，解决留守人员工作问题。

河南昌佳农业发展有限公司依托为农服务中心、农民合作社、种养基地等农业生产社会化服务，实现农民增收、农业增效。通过"规模化种植、集约化生产、订单式销售"模式，打造弱筋麦、优质稻、稻鱼种养、渔网编织 4 大产业助力乡村振兴。生产加工"淮原香"稻虾米、稻鳅米和"鳅水堂"生态农产品销往国内大中城市。建立健全农产品质量检测和可追溯体系，确保农产品质量安全。示范带动、产业辐射、技术积聚和宣传推介，提升农产品附加值，促进农民就近就地就业及农村三产融合发展。

一、"一站式"土地托管服务

发挥供销社三农服务优势，注册成立淮滨县为农服务有限公司，整合土地资源配置，按照"六统一"服务模式，开展农资供应、农机作业、农技培训、统防统治、粮食仓储、加工销售等服务。流转土地 8 000 余亩，土地托管面积 20 万亩，带动发展弱筋小麦 11 万亩，优质水稻 8 万亩，稻鱼种养 6 万亩以上。2019 年实现销售收入 1 586.17 万元，利润 114.81 万元，各项为农服务能力显著增强。一是农资供应。建有测土配肥室，通过智能配肥和农资联采联配，实现从厂家直接供应到农户和新型农业经营主体，达到降低生产成本的目的。年繁育种子 800 万斤，先后与江苏里下河农科所、隆平高科种业有限公司、河南沃力高肥业有限公司、德国拜耳（中国）作物科学有限公司等企业建立长期农资供应战略合作关系。农资直供辐射全县所有乡镇，辐射半径 30 千米。二是农机作业。依托流谷农机专业合作社，自有及整合社员插秧机 18 台、拖拉机 20 台、旋耕机 22 台、收割机 17 台。根据季节变化，从南到北跨区作业，覆盖全省，2019 年完成机耕、机种、机收 200 多万亩。三是农技推广。公司在二桥农业园区建有农技培训中心，年培训新型职业农民 200 多人，成立"三农110"技术服务团队，切实做到产前、产中、产后一体化服务。四是植保服务。依托雨顺植保飞防中心 25 架无人机，飞防作业能力 20 万亩以上。2019 年，承接政府购买服务"一喷三防"及农户植保 16 万亩。五是仓储物流服务。公司建设仓容量 3 000 吨的粮食周转库一栋，农资周转库 2 栋，粮食日加工能力 150 吨，拥有 6 套烘干设备，日烘干粮食 200 吨（图 1）。

农资供应	农机作业	农技推广	植保服务	仓储物流服务	"一站式"土地托管

图 1　河南昌佳农业发展有限公司农业社会化服务流程

二、产业发展助力乡村振兴

通过土地托管（流转）实现土地与劳动力、资金、技术等要素的有效结合，增强农业生产的组织化程度，加快农业产业结构调整步伐，推动弱筋小麦、优质水稻、稻鱼种养及渔网编织等产业链条融合发展。一是弱筋小麦产业。公司积极响应县委县政府"弱麦强县"号召，在县域率先拥有优质弱筋小麦"扬麦13"河南省品种代理权，良种繁育基地近万亩，在信阳全市推广种植面积 25 万亩，供种量达 680 万斤。连续多年中标弱筋小麦"扬麦13"统一供种的政府采购项目，中标淮滨县"2019 小麦农业生产救灾资金采购"项目，中标 30 万亩小麦统防统治政府采购项目。2017—2018 年度，公司承担淮滨县弱筋小麦产业扶贫，整村推进种植面积 11 万多亩，带动贫困户 880 户。2019—2020 年度，再上新台阶，又带动发展 12 万余亩。二是优质水稻产业。公司引进优质水稻品种"两优 688"在全县推广种植面积 8 万多亩，其中贫困村 2 万多亩，带动贫困户 967 户。三是稻鱼种养产业。公司依托资源禀赋，发展稻鱼综合种养。牵头成立淮滨县田湖稻鱼种养联合社，建设智能温室鱼苗孵化厂 3 000 多平方米，并探索出国内领先的自然排卵孵化法，年孵化鱼苗 2 亿尾以上，年供种规模 2 万亩以上，是目前全国最大的智能温室鱼苗孵化厂。稻鱼综合种养模式已在全县水稻适宜种植区域铺开推广，带动全县种养面积 6 万多亩，服务带动贫困户 617 户从事稻鱼种养产业。四是渔网加工产业。成立淮滨县田湖网业发展有限公司，是集"自主生产、自主研发、自主销售推广"为一体的国内规模最大的渔网生产企业，通过建立渔网加工扶贫车间，为全县培养技术人员 3 000 多人，直接带动建档立卡贫困户 600 多人脱贫致富（图 2）。

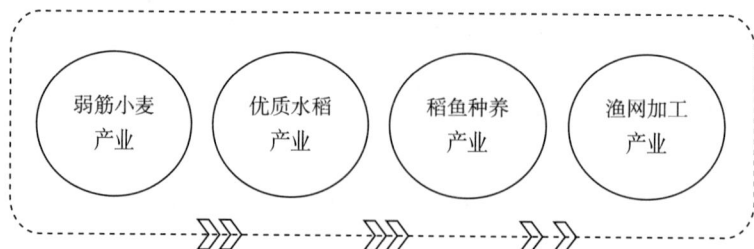

图 2　河南昌佳农业发展有限公司农业产业链条延伸

三、成功经验

通过开展一系列为农服务举措，昌佳农业公司总结一套具有创新、务实、高效的为农服务成功经验。

（一）农技推广

近年来，公司开展一系列技术培训。2017—2019 年连续三年与县科技局联合，举办淮滨县优质弱筋小麦高产、稳产技术培训会，每期培训学员 200 多人次。培训学员覆盖全县所有乡镇、村，以及邻县固始、潢川、息县、阜南等地，受训人数 3 000 多人。培训邀请河南省农科院、信阳农林学院、信阳农科所以及安徽水产研究所等知名专家、教授。讲解内容突出科学性、实用性及趣味性，收效明显。

（二）健全农服组织

依靠政府引导、政策推动，使农民增产增收，助力乡村振兴。公司成立了以县供销社主任和昌佳农业公司董事长为负责人的淮滨县为农服务有限公司，为农服务网点实现全覆盖，受益农民将达到 40 万以上。

（三）发展产业，与农民形成有效利益联结机制

公司和淮滨县田湖种植专业合作社社员为当地分散的小农户，小农户将土地交给合作社托管后，不仅成为合作社的社员，参与企业管理，而且形成小农户与合作社的利益联结机制，形成了风险共担、利益共享、互相配合、互相支持、共同发展的生产经营格局。为带动社员发展生产，公司采取"公司＋合作社＋基地＋农户"的经营模式，发展当地特色农产品弱筋小麦产业，依托资源禀赋，引领带动当地发展稻鱼种养产业。按照年初投资、年终分红、分片种植、集中销售、按比例分成的原则，使公司与农民形成紧密的利益联结机制。

四、主要成效

弱筋小麦产业：通过实施"统一供种、统一供肥、统一保险、统一订单、统一回收"，切实做到产前、产中、产后一站式服务，农户种植弱筋小麦每亩节本增收 340 元；优质水稻产业："五统一"服务模式，带动贫困户每亩增产增效 350.8 元；稻鱼综合种养产业：全县种养面积 4 万多亩，服务带动贫困户 617 户，每亩净收益 3 500 多元；渔网加工产业：计划 2019—2020 年可解决 2 万名留守人员就业，人均年收入 12 000 元以上。

点　评

　　按照提供农业社会化服务主体的不同，农业社会化服务主体可以分为政府部门主导、科研机构依托、龙头企业依托和农民合作组织依托四种类型。[①] 按照小农户与服务组织的联结模式不同，可归纳为产业服务组织模式、合作服务组织模式和市场服务组织模式三种类型。[②] 不同组织模式提供农业社会化服务的方式一般取决于服务组织本身的优势和市场需求，但不同服务组织服务的效果如何取决于供需双方的利益联结情况，体现在小农户参与服务组织后的产出和效益情况。因此，完善的农业社会化服务体系不仅仅是服务的购买，更需要服务的供需双方形成紧密的利益联结关系，才能长久地共享发展成果。舞钢市油坊山林果种植专业合作社、鹤壁市淇县联发种植农民专业合作社、南召县大鑫丰中药材种植合作社、项城市红旗农资专业合作社、西平县睿帆种植专业合作社和河南昌佳农业发展有限公司在完善自身发展的过程中，积极探索农业社会化服务的提供方式，与小农户形成紧密的利益联结关系，共享发展果实。

　　合作社提供农业社会化服务是一种内部化服务形式，具备自我服务的特征。舞钢市油坊山林果种植专业合作社、鹤壁市淇县联发种植农民专业合作社、南召县大鑫丰中药材种植合作社、项城市红旗农资专业合作社和西平县睿帆种植专业合作社都是以合作社为依托，提供内部农业社会化服务。在舞钢市油坊山林果种植专业合作社案例中，合作社整合草场、水库等资源，发挥规模效应，为提供农业社会化服务建立良好基础。合作社利用"三金联结"，培育"产业工人"等措施，让群众流转土地收租金、入园打工挣薪金、农户入股分股金，有效带动群众致富。在提供服务方面，合作社以"五统、四包、三化"规范服务内容，吸纳有养殖意愿但无经验、无资金的农户加入合作社，对其土地进行统一管理。

---

　　① 熊磊. 新型农业经营主体与小农户协同发展：现实价值与模式创新 [J]. 当代经济管理，2020，42（9）：32 - 38.

　　② 韩春虹，张德元. 小农户与现代农业衔接的服务组织模式：机理及效应评价 [J]. 广东财经大学学报，2020，35（2）：82 - 92.

在鹤壁市淇县联发种植农民专业合作社案例中，其特色有三点：一是合作社充分发挥组织优势，鼓励无力经营或经营不善的农户将承包土地流转给合作社，合作社与农户签订协议，统一支付租金，合作社再将土地和基础设施租赁给种田大户或种田能手。通过耕地资源整合平台，合作社实现了细碎化土地的集中连片，并保证了双方交易的公平性，缓解农户与种田大户或种田能手在流转土地中可能产生的纠纷问题。二是依托产业发展培育新型职业农民。新型职业农民是农业社会化服务组织的中坚力量，合作社与农业科技示范园、农业技术科普基地和农业专家合作，通过展示新品种、新技术在产业发展中的巨大作用和功能效益，采用易于接受的方式吸引农民加入到先进技术的学习队伍中，实现壮大新型职业农民队伍的良好效果。三是建立产销联盟，合作社与线上的电商平台和线下的实体门店通力合作拓展销售渠道。农产品的流通效率决定着农民的收入情况，而普遍存在的流通基础设施薄弱和流通成本高等问题使农产品的流通效率较低，导致好产品卖不出去、卖不上好价钱，严重制约着农民收入的提高。案例中，合作社在为社员提供销售服务上，善用互联网思维，利用线上线下融合的销售模式，实现农产品销售效益提高 20% 的好成绩。

在南召县大鑫丰中药材种植合作社案例中，合作社注重公益性服务和经营性服务相互支撑，实现服务的整体公益性。小农户由于生产剩余不足，一般不具备购买社会化服务的全部能力，对贫困户来讲更是如此。因此，农业社会化服务组织在保证持续经营的同时应兼顾公益性。大鑫丰中药材种植合作社采用"公司＋合作社＋贫困户"的模式，为贫困户提供多种服务选择：一是为建档立卡贫困户提供工作机会，使其获得工资性收入；二是租用贫困户土地，为其增加租金收入；三是吸收贫困户土地入股合作社，使其获得分红收入；四是免费为贫困户承包土地提供社会化服务，鼓励贫困户发展当地特色产业，获得销售收入。

在项城市红旗农资专业合作社案例中，合作社不仅立足农户的需求提供高质量的社会化服务，还在这一过程中使农户从服务环节中获取更多收益，提高农户收入水平。现阶段，大多数农业社会化服务组织仅关注于服务户数的增加和服务土地面积的增加，而合作社作为联结小农户的农民合作组织，在提供社会化服务满足基本需求之外，更应该关注如何使小农户通过服务环节获得更多的收益。首先，合作社采取让农民以土地入股保底分红托管的方式和新型全程托管方式为农户提供托管服务，让农户根据自身需求选择托管形式，既满足农业生产的规模化和专业化，还兼顾外出务工农户或缺少劳动力的农户收益。其次，合作社采取拓展服务链条为农户增收。①合作社通过建设畜禽粪污资源化利用整县推进项目，推进绿色生产服务的开展，改善当地农业生产环境的质量。②合作社通过订单种植和品牌运营保证了农产品的精深加工和销售渠道的畅通，增加了农户的销售收入。最后，合作社通过一二三产业融合的方式，实现小农户综合创收，拓展增收空间。

在西平县睿帆种植专业合作社案例中，合作社坚持"深化三农服务、助力乡村振兴"的经营理念，实现合作社增效与农民增收相得益彰。其具体做法主要有三点：其一，为农户提供多种方式参与生产发展。分别是租赁、入股经营和入社经营，满足不同需求的农户意愿，为农民提供外出打工的机会，且不会造成土地的撂荒，还能为其增加收入。其二，在流转土地的过程中，合作社高价支付农民土地流转费用，让农民每年能够从合作社获得稳定的收入。其三，将仪北村56户贫困户全部纳入合作社，签订用工协议，在农忙时节，合作社聘请周边200多名村民参与农忙，此项举措为农民每年增收2 000元以上。合作社也因此得到了老百姓的好评。合作社与农户相互支持，形成紧密的利益联结共同体。

在企业提供农业社会化服务的模式中，企业与农户签订服务契约以确定二者的权利和义务，建立双方的利益联结机制。首先，借助于企业的市场优势和资本优势，河南昌佳农业发展有限公司凭借与其他企业的长期战略合作关系和资金实力，在农资供应、农机作业、农技培训、统防统治、仓储物流服务、加工销售等环节紧密联结，通过各环节的相互协作提高农业产业链的运行效率，从而实现小农户与现代农业的衔接。其次，深化农业产业链，公司向产前、产后环节双向延伸，在产中环节挖掘盈利空间。公司借助资金优势和技术优势，发展弱筋小麦产业、优质水稻产业、稻鱼种养产业和渔网加工产业。

整合多领域资源　实现全方位服务

构建新基础　推动现代农业进村入户

——河南新农邦电子商务有限公司

> **编者按：**河南新农邦电子商务有限公司为解决小农户在传统农业模式下缺资金、缺技术、信息不对称、服务获取渠道少等问题，立足新时代农业农村基础设施建设，积极开展"互联网＋"现代农业行动，应用大数据、物联网、移动互联网、电子商务、普惠金融等新技术新模式，通过整合建设村级服务站和三农综合信息服务平台，构建线上线下融合发展的农业社会化服务渠道，提供市场信息、技术支持、农资供应、产销对接、普惠金融等多元服务，让小农户在家门口就可以享受到高效便捷的农业社会化服务，架起小农户与现代农业有机衔接的"高速公路"。

河南省新农邦电子商务有限公司立足强化农村社会化服务基础设施，开创了"飞机场"的新型服务模式，在河南建成运营 40 285 个村级服务站，把服务站打造成为服务三农的"飞机场"，并广泛对接省市县服务资源，作为"航空公司"引入服务站，联合开展服务，初步在全省搭建了一张通向千家万户、千乡万村、田间地头、坑塘圈舍、线上线下相结合的社会化服务网络。目前，已开辟公益、便民、农资、电商、金融、保险、健康、文化、物流等 12 条服务航线，推出农服驿站、金服驿站、健康驿站、农宝驿站、生态生活驿站等 10 大驿站，在全省建成县级服务中心 140 个，对接河南省建设银行等省级服务商 213 家、南阳新创农业服务有限公司等市级服务商 546 家、西华县金红农业技术咨询服务公司等县级服务商 2 257 家。

一、主要做法

(一) 搭建信息服务平台，提高服务效率

研发运营三农综合信息服务平台，提供政策推送、技术咨询、信息采集、产销衔接、服务获取等多方面信息，为小农户提供"一站式"综合服务，降低信息获取成本，提高服务效率。平台接入 12316 三农服务热线，提供专家远程视频诊断、物联网智能监测、市场价格行情、信息化扶贫等服务事项，同时具备电商服务和培训体验服务功能，实现进"一扇门"办"百样事"。平台具备农业物联网服务功能，在河南省种养大户、合作社、龙头企业等新型农业经营主体，部署应用 11 153 个物联网监测点，实时采集光、温、水、气等农业环境信息，为农业精准生产提供支撑。2018 年清明节期间，突如其来的寒潮在一定程度上影响了小麦生长，河南省平顶山汝州市纸坊镇牛王村的祥瑞种植专业合作社，通过监测点安装的物联网监测设备实时监测大田的生产条件，及时进行灌溉，保证了田间适宜的墒情，有效提高了小麦抗寒能力，使 600 亩优质小麦免受冻害。2020 年年初，为确保疫情期间"菜篮子"鲜活农产品产得出、运得走、供得上，组织大型商超、农贸市场、批发市场等在网络上开展供求对接，共发布农产品供求信息 3 万余条，解决滞销农产品 280 余万斤。

(二) 完善线上线下服务体系，畅通服务渠道

通过在河南全省建设布局 4 万多个村级服务站，将全省的小农户共同联结到统一的线上线下服务网络中，推动公益、便民、电商、培训体验等服务进到村、入到户。公益服务层面，在线上共开展政务审批、市场行情发布、专家远程支撑等公益服务 92.2 万次。便民服务层面，在线上开展生活缴费、小额贷款、农业保险、就业务工等服务 136.7 万次；在全省范围内组织开展线下推广服务活动 6 000 多场，代缴话费、水电费和燃气费金额 4 584.42 万元，带动村民就业务工 11.6 万人次。电商服务层面，在线交易

的农产品、生活百货和农资等产品达到 16 590 种，线上线下总交易额突破 43.02 亿元；周口市扶沟县的大米、洛阳市伊川县的小米、漯河市临颍县的面制品、南阳市桐柏县的蜂蜜都成了网红食品，单品月销量达到 6 000 多单。培训服务层面，组织开展信息技术推广、智能手机应用、服务资源对接等各种培训活动约 1 965 场。2020 年初，为抗疫情、稳市场、保供给，在全省累计组织配送蔬菜 161 万斤，米、面、粮、油等生活物资 704 万斤，为满足群众基本生活需求提供有力保障。

（三）创新社会化服务模式，提升服务水平

在 24 小时不间断提供互联网在线服务的同时，广泛聚合农业各行业的优质服务资源，打造"一村一站""呱呱农服""一村一机""村口银行"等多种形式的农业社会化服务模式，丰富服务内容，保障服务质量。2019 年，在 5 000 多个村级服务站叠加了"呱呱农服"驿站功能，托管土地面积 20 余万亩；组织开展无人机飞防服务，对接植保无人机 6 000 余架，在河南完成小麦统防统治作业面积 400 余万亩；在 20 000 多个村级服务站叠加"村口银行"服务，联合建设银行发放益农卡（普惠金融服务卡）39 万张，资金沉淀 20 亿元，为 260 万小农户提供了小额存取款、借贷等金融服务。新冠肺炎疫情期间，在全省组织发动无人机 8 700 架次，累计对河南全省 2 万多个自然村进行空中消毒，防控病毒传播。

二、服务特点

一是确保服务进村入户。城乡信息不对称、服务资源差距大等问题制约了小农户的发展壮大。为解决信息服务"最后一公里"、农产品出村进城最初一公里的难题，结合农户发展实际需要，夯实全要素、全过程、全系统的农业社会化服务基础，通过搭建信息高速公路把信息和资源要素汇聚到村口地头，让小农户在家门口就可以享受到高效便捷的服务，为农户发展生产、改善生活、增收致富提供有力支撑。

二是提供全产业链的支撑服务。为解决农业生产过程中小农户购买农资贵、贷款难、生产技术不全面、销售渠道单一等问题，在省级层面搭建

统一服务平台，广泛整合农资、金融、信息、保险、电商、物流等多领域的优质服务资源，并通过全省统一的村级服务站渠道体系将服务下沉到村，为小农户提供产前、产中、产后的全产业链支撑服务。

三是应用新技术新模式。传统农业生产过程中面临着人工成本高、产品附加值较低、产销对接不通畅等问题，生产成本和市场价格"双板挤压"，导致小农户生产投入大、收益小。为提高生产效率、提高收入水平，开展"互联网+"现代农业行动，创新应用大数据、物联网、移动互联网、电子商务、线上线下相结合等新技术新模式，引导小农户开展智慧农业、线上农业的探索和应用，推动产业链重构、供应链畅通、价值链提升。

三、主要经验

发挥线下渠道和线上平台优势，通过信息流带动资金、资源、人才、技术向农业农村汇集，提供全产业链的信息支撑和资源对接服务。一是统一运营，降低成本。将全省的服务点联成一张网，开展农资厂家线上直销、农服托管、统购统销等服务，降低农户获取服务的成本。二是应用新技术，提高效益。通过推广应用农业物联网、专家远程在线、质量安全追溯等新技术，帮助农户提高生产经营综合效益。三是应用新模式，挖掘价值。通过应用推广电子商务、订单农业、休闲农业等新模式，指导农户深入挖掘本地农业的多重价值。四是整合资源，激活要素。整合全国和省、市、县的区域服务资源，激活当地的人才、资产、资源等各类要素，提供全面高效便捷的农业社会化服务。

四、主要成效

近年来，公司紧密结合河南各地农业农村实际需求，因地制宜开展社会化服务，取得明显成效。

一是建成完善的服务网络。通过建设"省级运营服务和指挥调度中心、市级资源集成中心、县级中心站、乡镇区域站、村级服务站"，在河南全省初步形成了覆盖省、市、县、乡、村的五级服务网络，累计为280多万小农户在家门口提供政策、技术、电商、金融等各类服务1.8亿次。驻马店市上蔡县小岳寺乡赵集村花生种植大户韩三涛，通过在省级平台上发布销售信息，将12吨滞销花生成功销售到南阳市。

二是带动小农户增收。引导小农户应用物联网、电子商务等新技术新模式，为1.1万个合作社、种养大户、家庭农场等新型农业经营主体提供物联网支撑和电商指导服务，带动1.6万个小农户在网上销售农产品，省级平台线上线下总交易额达到43.02亿元，全省4万多个村级服务站平均每年增收3 000～4 500元。灵宝市城关镇的服务站建成运营以来，累计服务农民10 000余人次，培训专业电商人员240人，银行助农取款100万元，网销农产品实现收入659万元，实现利润100万元。

三是提升了服务水平。通过广泛对接金融、保险、物流等各类服务资源，扩大了服务范围，增加了服务内容，让村民进"一扇门"办"百样事"，实现了"让信息多跑路，让农民少跑腿"。2019年秋季，南阳市唐河县服务站站长急需资金购买农资，新农邦公司得知需求后，联合建设银行对唐河县服务站的个人征信、存款、业务经营等信息数据进行分析，通过大数据分析快速发放了30万元的无抵押贷款。

四是形成比较完善的社会化服务人才梯队。与中国农业大学、中国农业科学院、河南农业大学、河南省农业科学院等科研院所开展合作，并对全省150多个县级运营管理人员和4万多个村级服务站站长定期进行培训，形成了从师资、技术支撑、运营管理到基层服务的农业社会化服务人才梯队。鹤壁市浚县屯子镇三角村服务站站长王蒙，积极为周边农户提供信息、金融、销售、管理咨询、品牌推广、项目申报等10多项服务，成功摸索出一条创业发展的新路子，荣获鹤壁市劳动模范称号。

五是促进了小农户就业。组织新型农业经营主体带动周边小农户联合开展生产经营，间接带动农户就业11.6万人次。在全省推广"省级平台＋生产基地＋农户"的电子商务运作模式，指导合作社、种养大户带动周边农户开展电商，并吸纳农户参与"触网"农产品的分拣、包装等工作，每户平均每年增加收入2 500元。

集成现代服务　助力乡村振兴

——延津县润邦农业服务专业合作社

编者按： 延津县润邦农业服务专业合作社以新型农机、农技推广困难问题为突破口，建立以村为单位，以种地大户和新型农业经营主体为龙头，在各行政村建立服务站点，以站点为支撑，建立网络化示范田。与部分种植大户和村集体开展整体打包托管服务，从"种、肥、药"等环节逐步渗透，完成土地规模化经营。与飞防联盟、药企、相关协会合作，成立延津县飞防服务联盟——呱呱农服，在联盟的服务下培育出达到符合国家标准的含硒小麦，带动当地产业链发展，增收效果显著。

一、基本情况和背景

延津县润邦农业服务专业合作社于 2016 年 7 月成立，注册资金 500 万元，宗旨是利用科技在农业生产上发展创新，推动农业生产全程机械化、智能化。合作社现有社员 52 人，合作农户 346 户，社员土地面积 6 800 余亩，累计年服务面积 16 万亩次。合作社现有农用无人机 9 台，整合其他各类农用机械 130 余台，飞防服务能力达到 80 万亩次。

通过实践学习，合作社人员逐步掌握了机械、药剂方面的相关知识和使用方法，完成了小麦、玉米、花生作物的全程飞防植保试验，验证了无人机飞防植保发展的可靠性，为农田高效、智能化管理奠定了基础，推动本地农业生产管理水平升级。

二、经营模式

(一)示范带动

传统的农业经营模式根深蒂固，加上复杂的农村经济现状与地缘因素，导致新型农机、农技推广面临重重困难。为改变现状，合作社不断探索，以村为单位，以种地大户和新型农业经营主体为龙头，在各行政村建立服务站点，以站点为支撑，建立网络化示范田，进行了各种培训推广宣传。累积开展农技知识宣传会 20 余场，培训服务人员 280 人次，为 30 个种植大户和合作社进行了飞防示范作业，带动业务增加 8 000 余亩次。通过普及新农技知识、观摩新机械施药方法和效果、培养新技术操作员等方法，促进当地村民管理模式转型升级，实现种植业管理思维转变。针对零散土地，在各个合作村镇进行实验田建设，每个示范点安排 5～20 亩不等的示范对照田，召集村民进行观摩，定期跟踪调查，对比施药效果，带动村民接受飞防服务，自发将土地施药环节交由合作社进行统一管理。

(二)强强联合，资源共享

2016 年底，合作社联合省内 50 余家飞防服务队共同发起成立河南省第一家飞防联盟组织暨中原飞防联盟。总部设立于鹤壁农业硅谷。联盟组织的成立，解决了小型服务队无法承接大面积订单的难题，提高了合作社服务能力。利用合并纵联，统一制定作业标准，提高服务品牌知名度。通过联盟对接上游农药企业，利用规模优势，让农药企业为村民推荐优质优惠农药，既保证了产品质量，又降低了农资投入成本。

(三)提质增效，增强产品附加值

大田作物现有种植现状存在品种不及时更换、农副产品同质化严重、品质不高、产值低等问题，合作社通过联盟和相关协会，引进部分优质品种和药剂，通过优良品种和科学管理，提高农产品的品质，提高市场售价。2018 年，合作社在示范村开展了富硒小麦的培育实验，利用无人机在小麦上方喷洒专用富硒营养液，小麦成熟后使其达到含量符合国家标准的含硒小麦成品，市场价高于普通小麦，在不增加投入成本的前提下增加了收入。经过实施，2 000 余亩小麦试验田全部达到国家规定标准，满足市场需求，亩增收 300 元，增收效果显著。

（四）集约采购，降低成本

合作社积极引导社员和村民统一采购投入品，从源头控制投入品成本和质量，与县植保部门密切交流合作，筛选优质农资提供给社员，遵循"减肥减药"方针，鼓励村民使用有机肥，减少化肥使用量，推荐使用生物农药制剂，合理使用化学制剂，降低农药残留。先后联合 8 家农药、化肥厂家进行推广示范，实施面积突破 4 000 余亩，亩降低农资投入 30 元。与农机联合社强强联合，组织联合服务队，为社员和种植大户提供作业服务，每亩降低成本 5~10 元，为土地托管服务建立信任基础。与部分种植大户和村集体开展整体打包托管服务，从"种、肥、药"等环节逐步渗透，最终完成土地规模化经营。

三、健全村站服务体系

合作社承接了农业农村部信息进村入户工程的延津县益农信息社运营管理工作，全县已建成服务网点 274 个，覆盖全县 85% 的行政村，涉及人口 30 余万，土地面积 65 万亩。各服务站开通了 12316 服务热线，普通村民足不出村就能咨询种植养殖方面的问题。针对广泛传播的玉米害虫"草地贪夜蛾"提出防治方案，亩成本低至 3 元，为广大村民做好施工保障。鼓励各村站推荐人才，由合作社进行免费培训，学习无人机操作和药剂使用知识，应对突发虫害疫情。

四、合作社成果

2019 年合作社联合县农业农村局开展延津县"一镇一品"优秀农产品征集评选活动，发掘农村优质农副产品、工艺品，对接优势采购渠道，加快本土农产品上线，促进村民增收致富。组建由郑州大学、河南农科院、新乡市餐饮协会等单位专家组成的指导委员会，进行全程跟踪服务。

成立延津县飞防服务联盟——呱呱农服，整合农机130余台，农资商8家，大力推广农业社会化服务。以延津县小麦配套服务为龙头，贯彻整个产业链发展，为农户和新型经营主体解决生产管理中的难题，为传统的农业经营模式提供新思路、新方向，促进就业增收，带动区域现代农业发展。

延津县润邦农业服务专业合作社探索现代农业管理模式，推动农业全程机械化生产，组织开展土地统管、统种等服务，集合小农户，集中采购，降低投入成本，通过科学的管理方法，提升农产品品质，增加产品市场竞争力和附加值，实现增产增收。依托各村级服务点，下沉科技资源服务，培训了一批三农服务团队，进一步推动农业生产管理升级。

开展生产托管服务　促进农业规模经营

——河南省淮阳县华中特色种植专业合作社

编者按： 河南省淮阳县华中特色种植专业合作社在"土地代管"和"土地托管"的模式下开展社会化服务。合作社与社员签订农业生产托管服务协议，秉持以农业科技为支撑，推进标准化生产，提供小麦全程化解决方案，在化肥、农药、种子、全程机械化等方面进行统一服务，实现农产品产量和质量双提升，同时也提高了合作社盈利水平，合作社与社员双赢，也起到了带动贫困户脱贫的良好效果。

一、基本情况

河南省淮阳县华中特色种植专业合作社位于淮阳县豆门乡施楼村，于2011年3月注册成立，注册资金500多万元，成员173户，合作社办公面积约500平方米，拥有自走式打药机、拖拉机、收割机等8台、服务机动车6辆、配套机具80多台套，无人机20架，200吨粮食烘干机1台。近年来，合作社结合自身实际，以农产品订单种植和土地托管服务为主，开展农业生产服务，年服务能力达到12万亩，2019年回收订单高筋小麦4万多吨。合作社被评为市级、省级、国家级示范合作社。

二、"五落实"保障规范运行

合作社从民主管理入手，抓好规范运行，制定合作社章程、财务管理制度、盈余分配制度、社员代表大会制度等章程制度，健全理事会、监事会等组织机构，重点做好"五个落实"：一是落实内部民主管理制度，强化以财务管理为核心的内部规范化管理；二是落实民主权力机构，社内重大事项由社员大会或社员代表大会讨论决定；三是落实财务审核监督机制，由监事会负责实施对合作社发生的财务收支及有关经济事项进行逐项审查；四是落实社务公开，及时公布合作社的重要事项，按季按年公开财务收支详细情况，接受社员监督；五是落实盈余分配制度，按交易额分配盈余额的62%，促进社员生产积极性和股金的稳定增加，保证合作社正常运转。

三、主要经营模式

合作社成立以来，根据周边群众需要，开展了以土地托管和订单农业为主的农业生产服务，提出了"你在地头看，我在地里干""我付出百倍努力，你收获万分满意"的服务承诺，与益海、鲁西、诺普信、丰德康、中华保险等知名企业联合，让专业的人干专业的事，合作社把附近的农资经销商吸收为合作社成员，形成了一套成熟的农业经营模式。

一是土地代管模式。土地代管模式下，土地的经营权属于合作社，由社员代为耕种。合作社给农户提供种子，收取预交押金，粮食交仓后再返还押金。合作社在小麦生长期过程中提供技术，统一供药打药，统一供肥施肥，统一机械化耕作，费用由社员承担。社员须按合作社提供的品种以及合作社质量要求种植小麦，在小麦收割后，按订单签订的数量和质量全部交售给合作社，不得擅自出售给其他单位或个人，社员交粮后押金退回。合作社为社员免费办理农业保险，社员保底收入700元，不受灾不理赔。

二是生产托管模式。合作社受社员委托经营土地，小麦种植、管理、收割由合作社全程负责。种植期间使用统一标准采购高质量农资产品，确保社员订单小麦的品种、品质、质量符合国家标准和收购企业要求。合作社每亩提供25斤麦种，其他原因造成的播种量增加由社员自行负责。合作社依照市场价格进行回收，以质论价，不压级不压价。

四、发展成效

经过7年摸索，合作社逐渐把订单农业与农业生产托管服务作为合作社经营的重中之重，与农民签订收购订单，签单的农户成为合作社的社员，种植高筋小麦新麦26、存麦5号，每斤高出市场价0.09元回收，合作社再和益海粮油公司签订销售订单以每斤1.32元售卖。为保障小麦品质，提高产量，合作社再与社员签订农业生产托管服务协议，秉持以农业科技为支撑的原则，推进标准化生产，提供小麦全程化解决方案。一是肥料，合作社与鲁西化工合作，为社员提供测土配方，提供最优质的底肥和追肥；二是农药，结合当地小麦病虫害实际发生特点（侧重小麦条锈病、赤霉病、纹枯病），制作最优的小麦一喷三防套餐方案，以保证小麦品质，达到回收标准；三是种子，使用最安全放心的包衣剂，种子包衣完成后，再分配给社员；四是实现全程机械化，和安阳标普公司合作，合作社知名度大为提高，公司为社员提供优质便利的机械服务。目前，合作社农业社会化服务面积近12万亩，带动销售农药800万元、肥料6 320万元、种子900万元，PCA团队数量45名社员，每亩地增收100~150元，农产品产量和质量双提升，提高了合作社盈利，实现合作社与社员双赢。合作社2019年经营收入1 680万元，经营支出1 490万元，盈余190万元，提取盈余公积金后，按照交易量返还给社员118万元，按股金返还社员72万元。

五、合作社带农脱贫作用

为充分发挥合作社在产业扶贫中的作用，合作社积极和贫困户签订带贫协议、种植订单合同和农业生产托管合同，再将贫困户享受到的小额贷款每户5 000元，入股到合作社，每年年底贫困户享受合作社股份分红1 000元左右，合作社共帮贫带贫260户1 100人。针对贫困农户，合作社只收取农机农资成本，每亩地成本降低60元，农产品按照每斤高出市场价0.09元的价格回收，确保贫困农户每亩土地在原有基础上净增收入200元。

订单农业种植与农业生产托管服务，把小农户引入现代农业发展轨道，实现农业服务规模经营，是解决小农户发展现代农业的重要路径，也是实施产业振兴的主要措施之一。下一步，合作社将建设300家标准化农业村级服务站，将其打造成农业生产技术培训学校和贫困户信息发布交流平台。合作社通过引进专业化的耕种与植保技术，加强农业生产服务专业化建设，大力推广农业生产全程机械化，对贫困户给予五星级保姆式服务。同时，增加更多贫困户就业机会，提高贫困户收入，改善贫困户生活质量，走出一条产业精准扶贫的新路子，带领贫困户走上共同富裕的道路。

全程农业"好保姆" 为民解难促增收

——济源市鹏锦翔农资专业合作社

编者按：济源市鹏锦翔农资专业合作社针对在土地流转过程中出现的种植技术、病虫害防治、农产品销售等各种问题，推行农资、植保、机械、订单农业为一体的保姆式全托管服务，建立"农村专业合作组织＋科研院校＋技术部门＋农机合作社联盟＋公司＋农户"的服务机制，整合资源，保证现代农业生产中可能遇到的各种问题得以解决，并在服务过程中提升合作社服务理念。

一、基本情况

济源市鹏锦翔农资专业合作社成立于是 2010 年 11 月，法人代表卢鹏，注册资金 500 万元，合作社前身是思礼供销社农资经营部，具有多年的经营经验和群众基础。几年来，鹏锦翔农资专业合作社坚持以服务农业、农村、农民为宗旨，以保障安全生产为基础，促进农业发展为目标，加强农业生产物资供应，拓展农业技术服务范围，利用现代农业生产理念，开创了全程农业"保姆式"一体化服务模式，取得了良好的社会效应。合作社现有社员 300 户，员工 15 人，技术人员 5 人，仓储面积 2 400 平方米，农机仓库 700 平方米，植保无人机 5 架，农业服务机动车 7 辆，自营土地 3 200 亩，"保姆式"一体化社会服务面积近 10 万亩。2019 年，合作社荣获河南省农业社会化服务典型案例及省级示范社称号。

二、主要做法

一是"汇优品"。鹏锦翔农资合作社成立以来，始终把保障农业生产安全放在第一位，用可靠的质量、惠农的价格、贴心的服务为农业保驾护航，化肥供应方有史丹利、金正大、鲁西、心连心、六国化工、骏化、阜丰集团、济源万洋等，都是国内排名前列的品牌化肥生产企业，农药合作公司有国内排名靠前的青岛海利尔药业，前端药企吉林八达、陕西美邦、安阳全丰、大河远见等约 10 家，种子供应公司有国际种子巨头隆平高科、登海先锋和河南丰德康种业，这些强大的农资生产企业，让农民解除了后顾之忧，吃下了定心丸。

二是"做保姆"。随着土地流转速度的加快，传统农业种植模式的转变，各类新型农业经营主体成为现代农业生产的主力军，在农业生产过程中出现的种植技术、病虫害防治、农产品销售等各种问题，成了现代农业发展新的瓶颈。合作社着眼现代农业发展和农业生产需求，不断探索新的服务方式，由原来的纯粹的农资销售为主，转变为提供优质高效农业生产资料、植保技术服务、统一的机械服务、订单种植回收为一体全托管。牵头组织农机合作社联盟，把专业服务的农机合作社和个体农机联合起来，耕—种—管—收—销五位一体，实现全程农业保姆式服务，产生了良好的社会效益。

三是"拉链条"。农业产业结构调整事关农民增收全局，鹏锦翔农资合作社根据当地农业生产现状，积极调整思路，拓宽产业渠道，把秋粮作为新的突破口，与济源市赛科星牧业、河南惠龙牧业股份有限公司、济源虎尾河奶牛场签订青贮玉米订单回收合同，利用技术优势、农机优势和订单优势，解决了农户秋季投入多、收入少的难题，降低了农户生产成本，促进农户增收。仅此一项，农户亩均增收 200 余元。

三、保障机制

（一）技术支持保障

合作社和省、市农业技术部门、科研院校建立了良好的合作关系，组成专家咨询服务团队，对合作社社员及技术指导员不定期开展技术培训，及时掌握和了解农业前沿科技和农业实用技术，更新管理理念，增强服务本领。几年来，先后组织召开 10 余次技术讲堂，20 批次以上的现场观摩活动，免缠绕玉米播种技术、配方施肥技术等一些新的种植技术得到了广泛应用，特别是在节肥增效方面，随着一体化服务面积的扩大，合作社根据托管地块土壤结构和肥力状况，统一采购、统一供应，施用专业的配方肥，每亩平均减少肥料用量20%，直供环节又为农户节省10%，既提高了土壤地力，又降低了农户生产成本。

（二）机械服务保障

现代农业需要现代农机支撑。鹏锦翔合作社在社会化服务方面始终走在全市前列。合作社牵头组织的农机合作社联盟，拥有各式大型农业耕作机械50余台、自走式植保机械30余台，无人机6台，收割机25台，从土地整理、播种，到病虫害防治、收割实行统一管理、统一调度，集中开展农机服务，提高了工作效率，真正实现了保姆式全程覆盖，有效解决了一些经营主体和农户时间紧、农机不足的问题，产生了良好的社会效益。

（三）产品销售保障

农产品销售一直是摆在经营主体和农户面前的一道关口。如何才能使丰收变成增收，鹏锦翔农资合作社针对农户"卖粮难"的问题，积极创新思维，创造性地提出了管种包收的服务模式，把种子经营与销售加工有机衔接起来。合作社先后又与国际种子巨头隆平高科、登海先锋合作，调整农户产品种植结构，为农户提供优质高产的青储玉米品种，2019年收获青贮玉米3万吨，农户亩均增加收益200余元。在先试先行的基础上，遵循绿色发展，与河南丰德康种业联合，又与下游加工企业益海嘉利（金龙鱼）、新乡五得利合作签订回收合同，开展精品系列小麦种子生产回收业务，订单价高于市场价格8%。2019年，合作社回收优质小麦650万斤，亩均增收120余元。

现代农业的发展是现代农业技术和服务理念的升级，鹏锦翔合作社通过组织规模经营，发展现代农业，不断提高农产品竞争力和价值，为农户与市场架起了一道桥梁，拉近了距离；耕—种—管—收—销的全程保姆一体化服务模式，也在逐步走进万户千家。合作社将通过不断地探索和努力，推动现代农业发展和农业社会化服务水平再上一个新台阶。

整合资源拓展领域　提升农业社会化服务效能

——济源市富富康新农业植保专业合作社

编者按： 济源市富富康新农业植保专业合作社针对农村普遍存在的村庄空心化、从业老龄化、生产粗放化和传统农业升级难、农民种地难、增收难等问题，摸索出了种植业"种、管、收、售"全程化托管和"农户＋合作社＋市场"多元化服务新模式，有效融合了人才、技术、物资、金融等多方资源，并结合实际向农户进行科学分配，有效解决了农户种地难、增收难的问题，正在走出一条农业集约化、规模化、标准化发展的新路子。

济源市富富康新农业植保专业合作社成立于2014年，自有流转土地2 266亩、农业试验田329亩，农业综合服务场地9 000平方米，包括农业综合服务楼、晾晒场地、仓储库房、冷库等。合作社自成立以来，紧紧围绕农业生产的产前、产中、产后各个环节，开展农用物资供应、专业化统防统治、技术培训指导、优质小麦订单收购等服务，率先推广使用小麦匀播机、玉米新型防缠绕机等新型农用机具，成为济源市农业生产社会化服务的中坚力量。合作社先后被认定为国家级农民合作社示范社、河南省植保专业化服务优秀组织。2019年，合作社服务济源市及周边县乡200多个行政村，直接带动农户6 000多户、间接服务2万余户，累计服务面积达30万亩次。主要做法有：

合作社以土地承包大户、合作社和家庭农场等各类新型农业经营主体为服务对象，着眼现代农业发展要求，创新服务方式，构建全方位服务平台和网络，实现农业社会化服务功效的最大化。

一、"三个强化"提升服务能力

一是强化基础设施建设。为更好地提升服务能力和水平，合作社投资1 000多万元在梨林镇建设了新兴职业农民培训、技术试验、农用物资展示及仓储一体化的现代农业综合服务场地，为开展农业生产服务、收购销售农产品提供了场地支持。二是强化服务体系建设。通过多年的积累，合作社根据服务对象的区域，在济源十个农业大镇以及周边的沁阳、孟州、温县等地区建立了21个"富富康植保服务站"，配备一定数量的技术人员和农资、农机设备，将农技、农机、农资整体打包推送给附近的农户，实现科学的资源分配。三是强化经营管理体制创新。采取"农户+合作社+市场"的运营模式，实行统一购进生产资料、统一技术指导培训、统一收购销售农产品的服务模式，实现了入社成员分红制，提高农业生产的组织化和专业化水平。通过不断强化服务队伍建设和服务质量管理，为打造"超群植保"服务品牌奠定了扎实基础。

二、"三种模式"助力农业生产提质增效

为增强应对市场风险的能力，合作社不断优化产品和服务项目，着力发展农业产业化项目。一是发展推广"订单模式"。合作社广泛对接有实力的企业，发展高筋小麦、玉米、白菜、萝卜等繁育业务，通过与农户签订合同，统一配备种子，及时做好作物生长过程的跟踪指导，并积极筹措资金，保证农户及时将资金装进口袋。2019年，合作社与农户签订小麦订单合同7万余亩，收购时按每斤高出小麦保护价0.08～0.3元的价格支付，实现农民平均每季增收150元/亩。据统计，合作社在2019年为豫粮集团提供3 000余万斤新麦26高筋面粉，为九圣禾种业繁育100余万斤种子，为郑粮集团收购4 000吨乙醇专用玉米，为郑州蔬菜研究所、天津蔬菜种子研究院、台湾农友种业等制种单位收购300余吨白菜、萝卜、甘蓝种子。通过多种作物的订单模式，农户根据自家土地的地理条件及自身的种植经验等因素调整订单，解决了卖粮难、增收难的问题。

二是服务全程"按需订制"。2014年以来，合作社先后购置安阳全丰、大疆公司新型农用航空植保机22台、大型烘干机3台、烘干箱2个、大中型农业生产机械、植保打药机械共120台，小型打药机2 000余台，蔬菜种子精选机30余台，建成100吨冷库2座。随着设施装备水平的提升，合作社的服务效率也得到了有效提升。合作社充分利用自有和协作单位的农用机械，对服务农户进行全程机械化服务，实现了服务区域范围内小麦、玉米、大豆、花生的耕、耙、播、收和植保、灌溉的全程机械化、自动化。对于一些特殊用户，合作社还率先引进应用小麦立体匀播机、宽幅播种机、免缠绕沟播机、高地隙自走式喷雾车等，满足了不同对象的差异化需求。三是农用物资"优选优供"。合作社的前身是有着二十余年农资经营服务经验的市场化主体，与知名品牌农药、现代植保机械等生产经营企业建立了长期战略合作关系，始终坚持优选品牌、厂家直供。通过统一采购、物资直供，同等优质物资普遍低于市场价20%~30%，在确保药械产品质量、提高防治效果的同时，降低了农户的成本支出。

三、"三项举措"构建现代植保服务体系

一是坚持示范引领。合作社长期与河南省农科院、河南农业大学、郑州蔬菜研究所、西北农林科技大学等科研机构建立技术合作机制，指导土地流转大户、家庭农场进行科学的种植规划，联合德国拜耳生物科技有限公司开展对比试验示范，开展植保无人机防治示范，组织技术人员及社员开展外出观摩考察等，转变发展思路，提升了种植户的科学种地水平。二是加强技术培训。在农业生产的不同时期开展农作物生产技术指导。2014以来，坚持每年组织大型培训10余次，聘请专家到梨林粮食生产核心区、马村、曲中果树种植区，王屋、邵原蔬菜制种区，以及原沟、李庄药材种植区，对不同时期的种植管理进行示范讲解。三是开展专业化统防统治。合作社成立了由专家坐诊的病虫害诊疗室，及时提供农作物病虫害信息咨询和交流，指导农户适时适量开展病虫害防治；实行全程服务模式，为服务对象建立档案，全程质量追溯，确保农业生产过程安

全；推广绿色防控产品，按照统一时间、统一配方、统一技术的形式开展病虫害防治工作，规避因盲目用药造成的农药残留，减少农业面源污染，从源头上保障农产品质量安全；认真贯彻落实农药零增长行动，由传统的单一化学农药防治向综合防控转变，以实际行动支持农药化肥减量增效。

■ 点　评 ■

　　2020年中央1号文件对未来我国农业社会化服务体系构建做出了部署，即"健全面向小农户的农业社会化服务体系"。近年来，经过服务主体对农业社会化服务的不断探索，在农业生产一线形成了多元化的农业社会化服务模式，服务效果取得了明显提升。河南新农邦电子商务有限公司、延津县润邦农业服务专业合作社、河南省淮阳县华中特色种植专业合作社、济源市鹏锦翔农资专业合作社、济源市富富康新农业植保专业合作社在依托自身资源禀赋的基础上，整合多方资源，扩大服务半径，增强服务能力，实现全方位服务，具有较好的借鉴作用。

　　河南省新农邦电子商务有限公司在整合资源提供社会化服务的做法中有三点值得借鉴。其一，整合信息服务平台，公司将其研发运营的三农综合信息服务平台接入12316三农服务热线，获得专家远程视频诊断、物联网智能检测等信息服务，提高服务效率。其二，整合线上线下服务网络，公司通过在全省建设布局4万个村级服务站，将全省的小农户共同连接到统一的线上线下服务网络中，开展各项便民服务。其三，整合农业托管、无人机飞防、农村金融等多家服务主体，提升服务质量。

　　在延津县润邦农业服务专业合作社的案例中，合作社通过资源整合提升服务效果。在飞防服务上，合作社联合省内50余家飞防服务队共同成立河南省第一家飞防联盟组织暨中原飞防联盟。飞防联盟的成立缓解了小型农机队无法承接大面积订单的难题，通过制定统一的作业标准，提高了联盟服务品牌的影响力。飞防联盟的成立也有利于与农药企业的合作，降低农资投入。在信息服务上，合作社承接农业农村部信息进村入户工程延津县益农信息社运营管理工作，服务网点覆盖全县85%的行政村，真正使农民足不出户就可享受到信息服务带来的便捷。

　　河南省淮阳县华中特色种植专业合作社在农业社会化服务中整合资源"为我所用"，提高农业社会化服务质量。合作社与益海、鲁西、诺普信、丰德康、中华保险等知名企业联合，让专业的人干专业的事。合作社把附近的农资经销商吸收为成员，形成了一套成熟的农业经营模式。在肥料供给上，合作社与鲁西化工合作，为社员提供测土配方、优质底肥和追肥服务。在全程机械化服务上，合作社和安阳标普公司合作，成立共享飞防，培训 PCA/田哥田姐，为社员提供优质便利的机械服务。

济源市鹏锦翔农资专业合作社在提供社会化服务的做法中有三点值得借鉴。其一，在农资供应上汇优品。鹏锦翔合作社作为农资专业合作社，发挥其与农资供应商的谈判优势，为农户提供史丹利、金正大等国内著名品牌的化肥，青岛海利尔药业等 10 家药企的农药，隆平高科、登海先锋、河南丰德康种业等公司的良种。其二，重新整合销售渠道。一方面，合作社把秋粮作为新的突破口，与济源市赛科星牧业、河南惠龙牧业股份有限公司、济源虎尾河奶牛场签订青贮玉米订单回收合同；另一方面，合作社创造性地提出管种包收的服务模式，与下游加工企业益海嘉利（金龙鱼）、新乡五得利合作签订回收协议；其三，整合农机服务。合作社牵头组织农机合作社联盟，将各式农机统一管理，集中开展农机服务。

济源市富富康新农业植保专业合作社具备较为完善的农业社会化服务基础，通过构建全方位服务平台和网络，实现社会化服务功效的最大化。具体做法主要体现在三个方面：其一，合作社具备完善的服务基础。合作社不仅有直接提供服务的设施设备，还有覆盖范围广，灵活便捷的植保服务站，以及统一的运营模式，确保服务的顺利开展。其二，合作社提供产前、产中和产后的全方位服务。在产前和产后环节，合作社与农户签订合同，引导农户按"订单模式"种植，为农户统一配备种子，帮助农户筹措资金开展农业生产，解决农户"卖粮难""增收难"问题。在产中环节，合作社提供"按需定制"的生产服务和"优选优供"的农用物资，满足不同对象的差异化需求，降低农户的成本支出。其三，合作社对产中环节的植保服务格外重视。首先，合作社与科研院所合作，指导流转大户、家庭农场等新型农业经营主体进行科学的种植规划，开展实验基地对比示范，带领技术人员和社员外出考察，提升种植户的农技水平。其次，聘请专家到各个种植区，对不同时期的种植管理做全面的讲解示范。合作社在专业化统防统治中提供多元服务，较单一的服务方式不同，合作社成立病虫害诊疗室，为农户提供及时的病虫害信息咨询服务；为服务对象建立档案，可供全程质量追溯；推广绿色防控产品。

图书在版编目（CIP）数据

河南省农业社会化服务典型案例及点评／河南省农业农村厅，河南农业大学农业政策与农村发展研究中心编著. —北京：中国农业出版社，2021.4
ISBN 978-7-109-28750-1

Ⅰ.①河…　Ⅱ.①河…　②河…　Ⅲ.①农业社会化服务体系－案例－河南　Ⅳ.①F327.61

中国版本图书馆 CIP 数据核字（2021）第 185790 号

中国农业出版社出版

地址：北京市朝阳区麦子店街 18 号楼
邮编：100125
责任编辑：赵　刚
版式设计：王　晨　责任校对：周丽芳
印刷：北京中兴印刷有限公司
版次：2021 年 4 月第 1 版
印次：2021 年 4 月北京第 1 次印刷
发行：新华书店北京发行所
开本：720mm×960mm　1/16
印张：12.5
字数：230 千字
定价：58.00 元
